職業としてのシネマ

高野てるみ
Takano Terumi

a pilot of wisdom

まえがき

この本は「偶然」によって生まれた。

偶然の出会いによってと言うべきかもしれない。

私は、これまで多くの偶然の出来事に導かれ、良きご縁や良き仕事へと発展することが少なくなかった。

多くの方々が同じような経験をしているのかもしれないが、偶然の出来事に気づかないままに済ませてしまうことも、世の中には当たり前にあるのかもしれない。

私の場合は、偶然に起きたことに対する人一倍敏感な「気づき」によって、私の仕事を長く続けてこられたのだとも思っている。

偶然は実にほんの一瞬の間に、驚きや感謝や記憶などとミックスされて、脳内で処理される。消去されるか保存されるか……。私は、保存。

『映画配給プロデューサーになる！』という拙編共著を出してから、17年が経《た》っていた。この仕事をめざす方々に役立つ本になればと、自分の経験や具体的な事例となる自社配給作品を取り上げ、洋画の配給とはどんな仕事なのかを明らかにした一冊だ。加えて映画の仕事に関わるプロの方々にも登場していただき、自社やご自身の実践的な仕事を紹介。さらに、配給会社リストや、配給作品を上映するミニシアターのリストなどの資料もついている映画の仕事本である。

この本、果たして、読んで下さった方々が、その後配給プロデューサーになったか、私のように洋画の配給会社を作ったか、配給会社に就職したか、何らかの映画に関わる仕事をするようになったのか、本当に役に立ったのだろうか……。

最近になって、「この本を読んで役立てています」という方々からのご連絡をいただくことが増えた。なぜだろう。伺ってみると、

「自主映画を作っているので、配給・宣伝のノウハウを知りたくて」

「大学の映画の授業の教授が、参考書籍として教えてくれた。わかりやすくて心に響いた。映画を作っているので、配給・宣伝のことがわかって役立った」

「この本を読んで好感を持ったので、公開が決まった作品にコメントをくれませんか」等々、映画作りに心血を熱く注ぐ、新進気鋭の面々から、嬉《うれ》しい肉声がもらえた。小さな感慨に包まれた。もう一度自分でも読み返してみた。

要するに、この手の本が少ないから、少しは役に立っているのではないか、と改めて思わされた。

確かに、映画の配給プロデューサーといっても、どのような仕事なのか、また、配給やそれに伴う宣伝などについて、具体的にまとめられている本は、そう多くなさそうだ。映画論や映画監督術を述べている本は、たくさんあるのに。

しかも、それらは、偉大な映画人の偉業を語るだけのものも少なくなく、実践の現場で役立つとは限らない。

読み返して、改めて気づいたのだが、この仕事と現場は17年前から今に至るまで、その歩みは極めて遅く、仕事の内容がそうは変わっていない。

この本は映画という、言わば我々からしたら「取扱注意」のしろものを、人知れずビジネスとして扱うリアルな側面を、多面的に掘り下げた一冊だ。近年、映画の観《み》せ方は多様に変化しているが、映画が作られ、宣伝を施されデビューさせるまでのノウハウ、そのための人為的行動、活動などはほぼ同じように営まれている。

まるで、それが「掟《おきて》」であるかのように。


そんなことをつらつら考えていたところ、偶然にも、この本の編集に携わった、かつての編集者殿が、私の会社のサロンGARAGE《ガラージュ》に偶然現れた。

そこは、映画上映や勉強会などをしている場で、映画以外のワークショップなどもしている。

彼は私に会いに来たわけではなかった。その場がどのような場所であるかということも知らなかったのだ。あるセミナーのゲストとして招かれての来訪であった。そこで、何気に置かれていた、編共著を見つけてしまう。

「あ、これ僕が作った本です」と言う声を、私は耳ざとく聞き逃さなかった。「どなたですか、あなたは」と、歩み寄る。偶然の一瞬から、過去、現在、未来が繋《つな》がった。

そうしてたちまち、私がいまだ身を置くこの世界の仕事について、改めて私自身で一冊にまとめるという構想が生まれ、レールを敷く作業は始まった。

お互い、その後の20年近い時の流れの中での洋画配給ビジネスについて、何か役に立つものを残しておけたらという、衝動と使命感のようなものにつき動かされたのかもしれない。

「『映画配給プロデューサーになる！』その後」を書き残すべきなのではと。

だが、本書はその「続編」ではない。今回は私自身の視点から、私自身が書くという意味からは、「ノウハウ本」にするつもりはなかった。

と言って、「半生記」とか「回顧録」なんておこがましいばかり。そもそも、私の仕事は「黒子」で、知られざる仕事なのだ。その自負がまた、この仕事の喜びなのだから。業界の裏話をする立場でもない。エピソード集でもない。自慢に聞こえてもいけない。

その気にさえなれば、手がけることが可能な仕事として、ノウハウという技術的なことではなく、そのモチベーションについて伝えたい。

やる気さえあれば、きっと上手《うま》くいく。という気にさせる本にしよう。

「その気にさせる人」と、ある出版社のトップが、私の人となりについて語って下さったと聞こえてきた時は、何よりの褒め言葉であると嬉しかったものだったが、本書を読んで下さった方々にも、「その気になって」いただけたら、まとめた甲斐《かい》もあるものだ。

映画の仕事に一足先に関わっている、一人の職業人として語りかけたい。現場からのリアルな知られざる声と言葉、それらが厚く詰まった一冊にしたいと考え、書き進めた。


そして、本書では、映画を生み出し、映画で影響力を発信するインフルエンサーたる「王様」、映画監督について改めてリスペクトしたかった。俳優たちについても述べてみた。私の連載インタビューで語って下さったことも活《い》かして。

そのうえで、実は、王様の座にいるのは、明日の映画の観客となる皆さんなのでもある。良き観客、フランスならシネフィルともいわれる。いや、そこまでこだわらずとも、普通に映画を観ている愛好家の方々こそ、真の王様であると思うのだ。

自由に、好きに映画三昧ができる。褒めても、文句を言っても構わないワガママな王様。我々映画を職業とするプロよりも映画に詳しく、映画へ傾ける愛は強く深いに違いない。仕事として映画に関わりたいと思っている方々だけでなく、そういう方々にも、本書をお届けしたいと思うのだ。

同時に、私は映画の影響力、波及力がもたらす、クリエイターや芸術家、アーティストへの刺激や啓発力の大きさにも気づかされてきた。

表現者なら誰もが鋭い審美眼を持って、映画を愛好している。

愛好しているから、ますます映画を観る眼《め》が磨かれる。

人生や仕事になくてはならないのが映画なのだとわかる。

そして、そういった方々が映画について語るリアルな声、感染力、影響力を知るにつけ、この仕事をしていて良かったと、そのたびに小さな喜びに包まれてきた。

本書では、ミニシアター・ブームに沸いた80年代、それらの映画館と一丸となって単館系洋画配給ビジネスが盛んとなり、そのライジングの時代を突っ走っていたことなどにも触れた。

監督が映画界の王様だとしても、その映画作品は配給会社が買い付けて、劇場で上映してこそ、初めて世の中に知られることも述べた。

映画の観せ方、観られ方が大きく多様化し、近年の変化も著しい。

かつてのミニシアター・ビジネスの黎明《れいめい》から変化していく、近年の洋画配給ビジネスとその世界の動きをまとめることは、何となくアーカイブ的なものになりがちである。長く仕事を続け、現在も現場で活動する私だからこそ、当時の話もできるのだと、自分を励ましながらも、新鮮味を加味するための工夫に腐心して長い執筆期間が続いた。80年代、90年代、そして2000年に入っても、すぐに20年間という時空を行きつ戻りつ駆け回って。

ところが、終盤に近くなった頃、何と100年に一度といわれるパンデミックが世界を震撼《しんかん》させた。このことは世界中の映画界にも大きなダメージを与え、日本も大打撃を受けている。

製作が中断され、劇場では公開を控えた新作の上映映画がストップし、劇場も一時休館となった。

私が続けている仕事の一つで、世界中の映画人にインタビューする連載も、一時中断した。試写会もリモートで、という事態が日常になっている。

こんなことを誰が予測できたであろう。この真っただ中に、私もいる。

しかし、この大事件によって、本書をまとめようという意味が急激に見えてきたのである。

アーカイブにとどまらず、激動の今をリアルに感じながらのライブ感が生まれた。モチベーションは上がった。

偶然が、必然になった。そんなことを知らされた気がした。


それにつけても映画とは、なぜ、ここまで人を惹《ひ》きつけるのか。

答えはさまざまにあってよい。


「わたしは、これから起こることの側にいる人間でいたい。」

というこの言葉、伝説的ファッション・デザイナー、ココ・シャネル女史のものである。彼女が多くのフランス映画に貢献し支援したことは、意外に知られていない。機会あるごと、私は拙著や講演でそのことを伝えてきた。

この言葉が、映画へのリスペクトを生涯忘れなかった彼女の側面を、標榜《ひょうぼう》していると思えてならない。

「これから起こること」は、映画のことでもあるに違いない。

彼女の後塵《こうじん》を拝し、私自身、「これから起こる」映画の力に、いつも魅了され続けていたい。現場で起こることを見続けていたいのだ。

というわけで、本書が役に立ってくれることを願いつつ、ご高覧いただけたら嬉しい。映画を仕事にして歩んだ半生を一冊にすることは、もとより無理がある。本書で述べることは、ほんの一部であることが、まとめてみてよくわかる。偏っていたり、漏れがあったりするだろう。専門家や、知識・見識が豊富な方々には、ご容赦いただきたい。

あくまで本書は、観るだけでは気が済まず、映画を職業にした者が、現場で身をもって体験したことを、今新たに掘り下げて検証と考察をした、「映画の仕事とその愛」のためのモノローグ。

笑い飛ばしながら、読んでいただけますように。

目次

第2章　配給プロデューサーは「バイヤー」でもある

第4章 「監督」は王様である

フィルム時代からデジタル時代へ
映画館では35ミリフィルム上映を観たい
深夜の「先行ロードショー」の時代
吹き替えから字幕へ
パリのシネマテーク的映画館、ミニシアターの誕生
シアターとアート作品のマッチング
「特別」な映画を「特別」な映画館で
よそのラッキーがこちらのアンラッキーに
「観るファッション」としての映画
全国のシスターが新宿に集結
レイト上映で活かされる映画
ミニシアターからシネコンへ
映画祭ならではの楽しみ
受賞しても映画館で上映されるとは限らない

第1章　知られざる「配給」という仕事

配給は裏舞台の仕事

私が手がけてきたのは、映画ビジネス、洋画配給、そしてミニシアターで上映する単館系洋画配給ビジネスという仕事である。

「買い付け」た映画作品を劇場にブッキングして、観客となる皆さんに観ていただく。映画を配給するからには、多くの方々に知っていただく必要があり、「宣伝」という大仕事も手がける。

人には「やらないほうがいい」と言うものの、私を含め一度だけでやめにしたという方々や会社は、そう多くない。一度でもヒットを出そうものなら、次のヒットを願って深みにハマっていくことは否めない。

ヒットとは、多くのお客さんに観に来ていただき、その作品を「面白い」と言ってもらうことを狙うのであって、お金持ちになるために邁進《まいしん》するというモチベーションとは少し違う。お金儲《もう》けを狙うなら、これほど手がかかる面倒なことには関わらないほうがいい。

そうして、あくまで公開される劇場がハレの場で、そこでは配給プロデューサーは不可視の存在。あくまで黒子である。だから、どういうことをどこまで、どうするのか、その仕事は知られざるもので、それはそれで良いのだが。

『映画配給プロデューサーになる！』が出版されて、かなりの時間が経過したが、仕事内容の変化がほとんどないのには、自分でも驚くばかりだ。ＡＩに取って代わられそうもない仕事かもしれない。

知られざる仕事としての裏面となる、つまり表面にいらっしゃる、映画を観て楽しむ側の皆さんからは、常に映画は、「キレイごと」「イイとこどり」で語られている。

大学の授業などでは、映画礼賛の映画論が当たり前であろう。かく言う私も、大学で教えていたのは映画論であり、その素晴らしさを広く世に伝えるビジネスである、配給の仕事については、自分から触れたことはないし、尋ねられもしなかった。

世の中で映画のことが語られる場合はキレイごとであり、まずは、スターについて、カリスマ的監督について話題にのぼる。

「あの新作観た？　すごく面白かった。絶対おススメ」「あの女優、今回、最高。観てないの？」「あの映画は観たらお得、損しない」

とか、そんなふうに。

それは、そうでしょう。映画作品を観ることから、皆さんの映画体験は始まるのだから。

完成した映画は、多くの人々の力の結晶で情熱の賜物《たまもの》。素晴らしいと感じられるように、感動できるように作られているのだから、それが観客側から観た映画というものなのだから、それで良いのだ。

その作品が誰の手によって映画館で観ることができるようになったのか、いくらで作られたのか、何週くらいロングランヒットしているのか等々を、映画を観ながら考えるお客さんは、そうはいらっしゃらないだろう。

まして、前もって「盛られた」宣伝によって、すでにかなり「洗脳」されて劇場へと誘《いざな》われていることに気づいてもいないはずだ。

だからこそ、配給という仕事、宣伝という仕事は、表立つ必要がなくていい。影の存在であるところに、ささやかな誇りを感じてもいる。

だから、配給・宣伝の仕事ってどんなもの？　と問われれば、

「ヒット作品の影に配給・宣伝の力あり、というような自負をもって、謙虚に、大活躍すべき仕事」

などと、気取って言ってみたいものである。

しかし、それもヒット作品を出した時にしか似合わない言葉だ。そうありたいと作品公

開のたびに取り組んできた。

そうでもなかったら、この仕事は続かないものだから。

映画好きなら映画の仕事はしないほうがいい

そんな仕事を手がけたいという希望に燃える子息・子女が少なくない。

学んだ語学、英語、フランス語などを活かせて「好きな映画」に携われるという、二つの魅力的要素が同時に手がけられる仕事だから、という理由が多い。

さらには「自分の好きな映画を買い付けて、外国と日本の架け橋になりたい」という望みも聞こえてくる。しかし、それは配給会社に就職することで叶《かな》うのかというと、そうとは限らない。

まず、語学力というスキルは確かに役に立つ。それを学ぶためにも大学に通ったのだ。

しかし、もう一つの要素、好きな映画というのが引っかかる。彼らの言う好きな映画というのは、どんな映画なのだろう。

「自分が好きな映画は、配給会社に就職しても配給できるとは限らない。映画が好きなら、配給の仕事はしないほうがいい」

これは、配給の仕事をやった者にしかわからない真実であるのだが、仕事に就いてしばらくすると、「この仕事は、思っていたのと違っています。続けられそうもないです」と、こんな相談事が寄せられることが多いのも事実である。

思い描いていたものと現実との違いに気づいた時、彼らはすでにやる気を失っている。辞めることはもう決めていたりする。就職を志望した時と同じくらい、辞める時の決意も固い。

配給の仕事を前もって知っているわけではない人が思い描く、この仕事とは、どのようなものか。

配給作品に伴う宣伝拡散には、多くのメディア、新聞・雑誌やTV、ネット媒体などにコンタクトをとり、マスコミ試写会のお知らせや、試写で観ていただいた作品をどのように紹介してもらえるのかなど、メールや電話でお願いすることが必須になる。ここに多くの時間をとり、長丁場ともなる。しかも、近年はメディアがウェブやSNSにも及んでいるのだから、拡散対象は膨大となる一方だ。

配給の仕事には宣伝の仕事がカップリングされている。映画を買い付けてから、劇場公開までの間、ほぼこの業務は続く。

「思ったものと違う」気持ちは、どうやらこのあたりから始まったりするようだ。

映画文化、芸術の話を誇りをもって、映画を作った映画監督になり代わってやる仕事なのだから、「売り込み」に躊躇《ちゅうちょ》など無用である。

しかし、なかなか行動には至らない例もある。

それは、自分が好きな映画ではないからなのだ。

好きな映画というのは、「自分が好きな映画」のことなのだ。

それなら、映画は観るのが一番楽しくて、送り手になるのは難しい、ということになる。

映画との関わりは、観ているのが最高でもある。観客でいることは「王様」になれるということでもあるのだ。2時間前後の間は王様になっていられる。所望した映画をどのように受け取ってもよい。至福の時間になるのである。

好きな映画が観られなくなる仕事

また、映画好きほど、配給の仕事を避けたほうがよいのは、映画ファンとして好きな映画を観る時間がなくなるからだ。

自社映画の宣伝の渦中ともなれば、「よその」映画など観ている暇もない。

そのうえで、宣伝すべき作品が自分の好きな映画とは限らない、好きか嫌いかは関係なく、好きになって売り込めなくては仕事にならない。

対するメディアの方々一人ひとりに、自社の配給作品を好きになってもらうのが、この仕事である。

また、裏舞台は「キレイごと」では済まされない場だが、あくまで対外的にはキレイごとに徹するというトリッキーな側面もあるのだから、ややこしい。

この使い分けで、自分の軸がブレないようにできる人だけが生き残っていける世界だ。

映画そのものは、夢のある存在。しかし、映画ビジネスとなれば現実的で、過酷なこともある。まあ、ビジネス全般にそういえるわけで、そういう意味では映画だけが特殊ではないともいえる。

夢と現実の差が大きいということで、夢多き若き志望者の心を折るような仕事であると思われては残念なのだが、ともあれ、配給の仕事を学ぶなら、即、現場でが正解であろう。

技術や理論より、とにかく、やってみないとわからない仕事である。

自己肯定力あるのみ

『映画配給プロデューサーになる！』を読んでいただければ、配給という仕事は、数ある劇場用映画作品から選び抜いた一本に、どのくらいの時間やお金をかけて、世の中に広く知らしめようとしているかが読み取れるはずである。

具体的な事例については、本書でも後ほど述べてみたいが、買い付けをしてから少なくとも半年近くは宣伝に全力で取り組む。時間とお金を「かける」は、まさに「賭ける」ことにも通じる。

金銭的リスクを孕《はら》んだ、「偉業」とは程遠い、「異業」なのである。

私だって、競合する同業の方々を褒めてあげたい気持ちにもなるし、自らもこの仕事を手がけていることの自負が少なくないのは、やはり金銭的リスクが生まれる「場数」に支えられているからだと思う。

失礼ながら、運悪く破綻された会社の社長さんが、この世界では堂々としているように見えるのも、わかるような気がする。真剣勝負に敗れても、映画を愛して全力を尽くした末のことだから、誇れることもおありだろう。世界的な映画作品に貢献したのであるから。

配給プロデューサーがいなかったら、配給会社がなかったら、どんなに素晴らしい作品も誰の目にも留まらないまま埋もれてしまうのだから、褒めてもらっても悪くはないはずだ。

すなわち、自己肯定できないと続けられない仕事が、この仕事ではないだろうか。なかなか人に褒めてはもらえないからこそ、自己肯定あるのみだ。


自己肯定といえば、世界一その力を発揮した人物が浮上してくる。

再び手前味噌《てまえみそ》になるが、拙著『ココ・シャネル　女を磨く言葉』でも記した逸話を、紹介させていただこう。

彼女が71歳でファッション界にカムバックした時、最初のコレクションで新作を発表するも、フランス国内では「もう時代遅れでは?」と不評を買ってしまう。

その時彼女は、「勝負は終わった。次の準備を始めましょう」と言い、スタッフたちを励ましたのだ。2008年に日本で公開された、クリスチャン・デュゲイ監督作品『ココ・シャネル』でも、ココ・シャネルに扮《ふん》したシャーリー・マクレーンが、その様子を演じて魅了していた。めげることなく事実を受け入れ、次のチャンスに臨む不屈の生き方である。落ち込んでいる時間など無駄であると、起死回生を願って前進あるのみという、強い精神力を発揮する。

そういう人物には強運を引き寄せる力が備わっているのか、第二次世界大戦の勝者となったアメリカから、女性の社会進出に合わせた大量注文が寄せられる。彼女はカムバックに大成功して、その後は亡くなる前まで負け知らずの一生を送った。

ココ・シャネルが映画を愛し、監督をリスペクトしてフランス映画に支援を惜しまなかったことは、彼女に関するいくつかの拙著の言葉集でも述べ続けているが、それは彼女の知られざる側面でもある。

彼女自身、自分は芸術家ではないが、映画と映画監督は芸術に携わる存在だとリスペクトを惜しまなかった。

そんなココ・シャネルのファッションの世界と共通するように思えるのも、映画の仕事なのだ。新作の配給・宣伝にとりかかる時にはもう、前の作品がヒットしてもしなくても、新たな映画に集中して邁進しなくてはならない。

映画の配給ビジネスは毎回が勝負であり、何の保証もない。しかし、毎回「人事を尽くして天命を待つ」ビジネスでもある。

単なる「賭け事」とは、大きく違っていて、人為的力に負うところが大きく、負けても、めげずにそれを糧にして次の勝負に備える。負けない自己肯定力あってこそなのだ。

「失敗しなくちゃ、成功はしないわよ。」

これは、拙著『仕事と人生がもっと輝くココ・シャネルの言葉』からの引用だが、公開映画作品がヒット叶わず、いわゆる「コケる」ような憂き目にあった時にも励ましになりそうな言葉である。

配給の仕事の半分は宣伝

ここまでの話だけでも、洋画配給プロデューサーになりたい人の半数は諦め、本書を閉じたかもしれない。

リスクばかりの毎日ではないか。実際そうである。

しかし、表向きはあくまで、大変そうに見せないのも、この仕事である。

「特殊でリッチで、何となくオシャレ」な仕事と思われているうちが華である。

その特殊性のせいか、私自身がインタビューを受けるという機会に恵まれることも少なくない。本来は「黒子」に徹するべきところだが、宣伝の一環として考え、喜んでお受けしている。

例えば、「ELLE JAPON」のキャリア・ウーマン特集に始まり、「anan」「クロワッサン」

「Hanako」「日経WOMAN」「25ans（ヴァンサンカン）」「とらばーゆ」「LEE」「Pumpkin（パンプキン）」等々から取材を受ける中で、そのつど公開を控えている配給作品のことも紹介していただけた。

映画でもハリソン・フォード、メラニー・グリフィス、シガニー・ウィーヴァー主演のマイク・ニコルズ監督作品『ワーキング・ガール』（88）など、女性が社会でイニシアティブをとれる時代を標榜する作品が大受けした。

日本でも男性と肩を並べて、仕事と家庭を両立させる女性の生き方に注目が集まり、その道のキャリアの女性たちは、トレンドな生き方をリードする存在として表立っていた。著名人の横に並び、映画配給という仕事のこと以外でも、雑誌やテレビでオピニオンを述べたり、ライフスタイルの提案をしていたものだった。キャリア・ウーマンという「肩書き」のサンプルとして求められたのであろう。

そういう時に、配給の仕事は徹頭徹尾、「キレイごと」で語られた。「世の中で最も地道な仕事。派手に見えても、儲からない仕事ですよ」という発言もしないわけではないが、「イイとこどり」でまとめて下さるのが常で、ありがたいばかりである。

だからこそ、表向きは、「夢のある仕事」として期待される。膨大に儲からなくても、「国際的で文化的な仕事、やりがいのある仕事」であることは嘘《うそ》ではないのだし。

事実、そういう側面もないと、この仕事は続かないものでもある。

さて、そんなふうにメディアに取り上げていただくのは、本来の私の仕事ではない。来日した配給作品の監督や主演俳優の取材インタビューを、有力媒体に積極的に働きかけて、できる限り数多く露出させていく。さまざまな提案を持ち込み、こちらから売り込んでいくのが仕事である。

私の会社が扱う作品は、なぜかいつも監督自身がフォトジェニックであることが多く、話がつきやすい。そういう要素は、作品の買い付けをする時のチェックポイントの一つでもある。

女性誌やファッション誌は、常に読者を惹きつけるアイコンを求めている。ファッショナブルで、アーティスティックなシネマ世界の人物は歓迎された。

そうしたメディア対応が面白くて、この仕事をクリエイティブであると思い、やりがいを感じられるなら、配給・宣伝という仕事を持続可能にできる人材ということになる。

でき上がった雑誌の誌面をほれぼれと見ては、「ああ、これ私が作ったんだ」なんて思ってよいのだ。宣伝の中級クラス合格、宣伝力の面目躍如である。

配給作品選択の見極め

ところで、配給の仕事は儲からないものなのか。当初から儲からない仕事だったら、誰もやる気にならないものだ。

ヒットの可能性は大いにある。それに漕ぎつけるようにする仕事であることは当然で、そこにはリスクが多いということなのだ。手がかからない、汗をかかないことが「儲かる仕事」だというならば、まさに真逆の仕事であると言いたい。

しかも、明らかなのはヒットを出せても、毎回ヒットに恵まれることはあり得ないということだ。また、ヒットしないことが続いたら、会社としての存続が見込めなくなるのも当然だ。そうならないためにも、宣伝しやすい映画を見つけるということが肝心である。

宣伝して作品価値が倍加する映画を、目ざとく見つけ出すことが、まず先だ。買い付けの段階で、配給作品の選択には、本気で取り組まねばならない。

この見極めが勝ち負けを分かつといってよいと思う。

宣伝の効果が見込める作品かどうかは、日本国内での引きがあるかないか、観客を引き寄せる力となる話題作りの切り口が見つけられそうか否かが重要だ。「自分の勝手な惚《ほ》れ込み」とか、「本国で大ヒットした」からとかの一元的な作品選びは決め手にならない。日本国内の観客は甘くないのだ。

また、国内の競合会社との競りあいで、大きな買い付け金額になることを避けることも考慮する。勝負を賭けてもいいが、無理な出費までして「見栄を張る」ことはない。元からマーケットは大きくはないのだから。

このビジネスは、出費が映画作品公開前まで長く続くものなので、最初の買い付け金額が大きな出費になれば、回収は大仕事になることは間違いない。

買い付けから始まり、半年あまりを宣伝期間とした場合に、金銭の「入り」はなく、「出」ばかりが続いていく仕事である。

例えば、私のもう一つの会社は雑誌・広告の企画制作の仕事で、あらかじめクライアントからの予算が事前に提示・確定される。そのうえで制作ができる。しかし、こういった、言わば「平和」なビジネスとは、真逆にあるのが映画配給の仕事だ。

平和な仕事の中にも、質の高いものを生み出すには、腕前の勝負という「戦い」は、もちろんある。それに比べて、配給の仕事は公開前までに買い付け・宣伝という大きな金額の支出を自社で負い、回収は劇場の観客動員から得る収益からである。観客の皆さんが頼りなのだ。

毎回、「戦争」だ。

言うまでもないが、他にも会社固定費としての人件費をはじめとする諸経費は、上映収益以前に支出として、会社運営にとっての相当額の出費になる。

演劇などの公演はあらかじめ日程が決まっていて、それについてのチケット販売が行われる。その点についても、映画は違う。チラシを見たらおわかりのように、新春とか今秋というような表示が刷られていることが多いと思うが、その時点では公開日程が決まっていない。公開直前に具体的日程が決まると、チラシに初日を刷り込み再度配布する。マニアなら両方のチラシを持っていたりするはずだ。

一作品のことを越えて、配給会社の収支全般でいえば、誰にも明白なのは、ヒットする作品も、しない作品もあって当たり前、立て続けにヒットするということは稀《まれ》なことであり、コントロール不可能な「賭け」ともいえる側面を持っているということなのだ。

それが、洋画配給ビジネスという仕事だ。

アメリカン・メジャーの配給との違い

現在シネコンで上映されるほとんどの作品はアメリカン・メジャー作品だが、こういった洋画配給は世界各国の現地法人であるブランチから配給される。買い付けるというプロセスや支出がそこにはないのだ。大元から各国へ配給されるものでもあり、まさしく配給という言葉通りである。

つまり、配給には二種類あることをお伝えしておこう。

ただし、買い付け費が発生しようがしまいが、買い付け費用に差があろうがなかろうが、宣伝費をかけようがかけまいが、観客の皆さんには関係のないことだ。価格一律というところも、映画業界は「特殊」なビジネスといえるかもしれない。一八〇〇円という一律の価格は、サービスデーともなれば一〇〇〇円となったり、これは配給会社別とか作品別というようなこともあり得ない。

となると、通常はヨーロッパ映画や単館系作品にこだわらない観客の皆さんにとって、製作費の大きさを競い、ハリウッドスターが多数出演している映画を観ることにお得感を覚えることがあったとしても、それは無理のないことかもしれない。

しかしながら、趣味嗜好《しこう》の差はあれど、ミニシアター系ヨーロッパ映画の数々は、配給会社が買い付け費をかけて配給・公開もしている。面白い、楽しかった、泣けたというだけにとどまらず、インスピレーションや啓発を与える。さらに一本の映画で人生が変わったという愛好家もいらっしゃる。そこに価値があるはずなのだ。

それを感じやすいようにと、「付加価値」を後付けすることに工夫を凝らすのが、配給・宣伝の力なのだが、それだけ手がかかっていることを、この場ではぜひわかっていただけたらと思うばかりである。

また、例外を除いて、上映期間が決まっていないことも、けれどもヒットすればロングランとなり、すると上映期間に比例して収益は増えていく可能性があることも魅力の一つといえる。そうなれば理想的である。

ところが、作品が観客の皆さんに嫌われてしまい、客足が伸びない結果であれば、早々に上映期間も短くなる。そこに絶対的保証はない。

映画が好きなのか、映画の仕事が好きなのか

リスクはどのビジネスにもつきものだが、こういった流動的側面は実にリスキーである。

しかし、それをスリリングと捉えられるかどうか。

リスクとスリルのはざまで立ち働くことには、やはり「映画が好き」というだけではなく、「映画の仕事が好き」な自分を、好きになれるかどうかにかかっている。

以前、「Hanako」の特集記事で、「映画のプロデュースはリスキーだけどスリリング。そこがおもしろい。」という見出しがつき、私のインタビューが掲載されたことがある。これも、巴里映画が共同製作・配給を手がけたフランスと日本の合作作品『サム・サフィ』(92)が「大化け」してのロングランヒットし、余裕でそう思えた時だったから、心からの言葉になった。自分は映画の仕事が本当に好きだと実感できた時だった。

ちなみに、公開初日に飛び交う言葉に、「当たる(ヒットする)」「化ける(予想しなかったヒット)」「コケる(ヒットしない)」というような特殊な用語がある。この業界独特のものだが、この仕事を始めた頃には珍しくて、プロになったつもりでよく口に出してみたりしたものだ。

話を戻すと、いかに前もっての買い付け、宣伝費を抑えるかが肝心である。全体的な予算を組んでおかないといけないのは明白であろう。

そのストラクチャーを組める作品かどうかが、買い付けの時の決め手になるということなのだ。

メディアを良き「共犯者」にするフリーパブリシティ

この大まかな仕組みを理解したら、巨額がかかるTVスポットなどは、ミニシアターの単館系作品の配給においては、極力避けるべきということがわかる。

そもそも観客層が違うのだから、TVスポットとは基本的にご縁はないのであるが、メジャー作品とは違い、いかにお金をかけないか、アイデアとマンパワーを全開にするかが必須である。それが単館系洋画配給・宣伝の一番腕の見せどころなのだ。

各メディアに映画紹介をさまざまな形で扱っていただくことは、「フリーパブリシティ」と呼ばれる。一興行のプロモーションの中で大きな位置を占め、多くのメディアの賛同を得ることが、最良の効果を生み出す。

パブリシティをたくさん生み出せれば、公開する劇場からだけでなく、海外作品の著作権を持つプロデューサーからも評価されることになる。

メディアを配給会社の強い味方につけること、おススメの映画作品を配給会社と一緒に世の中に出すことにおいて、良き「共犯者」になっていただくことをめざすというわけだ。

メディアにとって映画は情報源の一つであり、ニュース・ソースの宝庫。切っても切れない「共犯関係」が生まれる。

雑誌を例にとれば、有料の広告ページではない編集ページだからこそ、説得力や付加価値も生まれる。

ちなみに、権利元のフランスでは、こういったフリーパブリシティに日本ほどは躍起になったりしないようだ。人の価値観に左右されたくない、自分は自分の価値観を持つ、好きなものがみんなと同じでなくてもいい、という生き方に由来しているのだろうか。一般向けチラシも作らない。

ポスターは畳一畳敷きくらいの大判で、観光でパリに行くとよく目にするが、メトロの構内や、街中のビルの側面の決められたスペースに整然と掲示されている。そこには、景観を汚すのが映画のポスターであってはならないという、公共的価値観さえ滲《にじ》んでいる。

過剰に宣伝しなくても、劇場に観客を動員できる生活習慣と文化が根付いていることもあるだろう。羨ましい。もっとも、近年ではさすがのフランスといえども、アメリカン・メジャー作品が人気であったり、劇場で映画を観る層が減少しているとも聞く。

さて、国内に話を戻すと、近年、自社配給の単館系作品であっても、自社で宣伝することをせず、宣伝会社に委託することが主流になってきているようだ。もちろん、現場を宣伝会社に任せても、プロモーションの構築や実施は、配給会社がイニシアティブを持って進めることが当然であろう。

一番やりがいを感じる宣伝を自社で行わないなんて、退屈しないものかなどと思うのは、現場主義者の私だけであろうか。上手くいかなかった時でも、自分を責めればいいのだから、面倒がない。クライアントとなり、プロモーションを進行・管理していくだけでは、どうにも私などはやった気になれない。

しかし、それだけ自社で宣伝のプロを育て、時にハードワークになる仕事を手がけさせることが容易《たやす》くはない時代になっていることも事実なのかもしれない。

また、一方では、自主映画として、自他ともに認めるような日本映画の場合だと、監督自身が劇場に直談判に出向き公開を決めてもらったり、宣伝も自分でするという傾向も珍しくなく、私などは頼もしい、それもいいのではと応援したくなる。

「映画配給プロデューサー」のわかりにくさ

それにしても、今さらながら、職業としての「映画配給プロデューサー」の配給という言葉の持つ意味はわかりにくい。

辞書で調べると、「ものを割り当て配ること」などと、シラけた感じで記されている。上から目線的な響きも感じられる。配給会社が、観客の皆さんに観たい映画を「割り当て配る」……。こちらにはそんなつもりはみじんもないのですが。

しかし、数ある映画作品の中から、確かに我々が買い付けて選んだ作品しか、観客の皆さんは観ることができない。海外の映画を日本国内で何館くらいの映画館で公開するのか、それを割り当てる仕事であるから、配給なのだろうか。

現実には、劇場に割り当てるという主導的な立場ではないのだ。配給側が劇場側に割り当てるのではなく、劇場に選ばれた映画作品が公開となるのだから、配給会社側が劇場に割り当てるなんて、上から目線の立場にはいない。

それにしても、配給とは古めかしく聞こえる。祖父母から聞かされていた、戦時中の米やいもが配給されていた時代には、「配給米はマズイ、闇米ならオイシイ」というのが日常語だったようだが。

しかし、思い起こせば、この私こそが、大人たちに連れて行かれた字幕つきの洋画を観るたびにクレジットされていた、配給の二文字に惹きつけられていた少女だった。

単純に、配給って何なんだと、勉強好きで何でも片っ端から文字を読むことが好きだった子供心に、気になる二文字であったことを思い出す。

それにしても、映画というものを、配給会社で選んで観ようという人などは、まずめったにいないのだから、本当に地味な仕事だということになろう。

憧れのフランス映画配給会社を起業

その、地味で地道な「配給」という仕事をする会社を起業して、ブランディングをめざしたのが、我が巴里映画であった。

現場は「地味」、「地道」である仕事であっても、扱う「商品」は華やか、オシャレな印象を与えるフランス映画が中心。立ち上げの時のポリシーである。

フランス映画はどの時代においても、憧れの的である。映画の送り手は、その期待に背いてはいけない。フランスをはじめとするヨーロッパ映画、カンヌ国際映画祭（以下、カンヌ映画祭）などで注目されるような映画自体が、すでに「フランス映画」というブランド商品なのだ。

これを観に行くことは、もうフツーの映画鑑賞とは違う。すでに付加価値がついている。

オシャレなライフスタイルの中で、際立つ嗜好品としてのフランス映画の鑑賞。観る前、観た後も、周囲一mくらいオシャレでカッコイイ気分でいっぱいにしなくてどうする。

配給側がそれを精いっぱい醸し出し、煽《あお》らなくては仕事にならないはずである。

そういう「気分」を広めたいと、本気で取り組みたかった。そういう時代でもあった。

私自身が子供の頃から、フランス、パリ、フランス映画に憧れ、リスペクトを持ち続けてきた。その気持ちをそのまま仕事にしたら、洋画配給プロデューサーだったといえば、腑《ふ》に落ちる。監督でもなく、女優でもなく。

そんな私の、憧れや夢を抱かせるフランス映画との関わり方は、「観るだけ」から始まり、映画監督や男優・女優のインタビューをする仕事を経て、自らの着眼点で選んだ映画を世に打ち出すという、そこまで踏み込むことになってしまった。

それも計画を綿々と立ててレールを敷いていったわけではない。チャンスと言おうか、逆を言えば魔がさしてと言おうか、弾みと言うべきか。きっと多くの方々も、私と同じような体験から、現在のご自分の仕事を適職だと愛しているのではないだろうか。

この仕事を職業とすることに迷いはなかった。その仕事がいかに手間暇がかかり、お金もかかると漠然とはわかっていても、そんなチャンスは二度とないと思えたのも、フランス映画への憧れが人一倍強かったことが原動力となった。

「映画の配給をやりませんか？　あなたが観る側から、観せる側になる。そういう時代になったんです」

という信じ難い、「天使の囁《ささや》き」が福音のように突然、私にもたらされた。それは後に「悪魔の囁き」になったと、冗談めいて周囲に話すと大受けしたものだが。

荒唐無稽にも思える、突然の誘いの言葉に、私が抵抗する術《すべ》はなかった。

事実、ミニシアターの単館系映画配給ビジネスの時代が始まっていた。

巴里映画設立より2年前に起業していた企画制作会社が、ラッキーなことに順風満帆の勢いを得ていたことも背中を押した。新たにもう一社、憧れのフランス映画の配給会社を起業することに、躊躇などあるわけがなかった。

生意気に受け取られそうだが、先に設立した企画制作会社の文化事業の一環としての起業であることを、周囲の関係者に公言もしていた。実際はそれが甘いことであるのも知らないで。

フランス映画を楽しむライフスタイルを提案

言わば、雑誌・広告業界という異業種から参入したこともあり、めざすところは、映画を映画としてだけ売るのではなく、フランス映画の持つ独特の美意識やカルチャーを売り、広めること。その存在の秀逸さや洗練度、ファッショナブル性を味わってもらいたいという視点と切り口で、広げていくことだった。

あくまでブランド品としての「特別」な映画であるということと、そういう文化を享受してくれる観客を、今より一層増やすこと。フランス文化の通《ツウ》から裾野を広げていくことをめざす。ハードルを低くする。それには、まずはメディアの方々を味方につけたい。そういうこだわりをカタチにしていかねばならない。

映画をオシャレに楽しむライフスタイルを、メディアを通じて提案しまくった。

「婦人と暮し」では、「映画も夜の10時から上映してもいい。見終わってワインを飲んで、遅くなったらタクシーで帰る。こんな生活、オシャレですよね。」などと私はインタビューで答えているが、機会あるたびに表立ってコメントした。

それでも、「フランス映画の担い手になるという自負より、いつも、自分自身がフランス映画に憧れていられること」を大事にしたかった。

そういう映画への想いは、決して衝動的なものではなく、幼い頃からの映画的環境や良き教師に恵まれていたことが、ここまでに至る必然的な導きとなっていたように思える。

幼児体験にリンクしたスタートライン

幼少時代、実家のある目黒の敷地内には祖母の家屋が別にあり、そこには親戚のお姉さん、お兄さんが慶応大学、青山学院大学などに通うために下宿していた。

昔は大人が映画を観る時はなぜか、子供を連れて行くということが多く、彼らは、モダンなインテリの子息・子女ぶって最新の洋画を率先して観ていたらしい。

当時、フランス映画やイタリア映画などのヨーロッパの秀逸な作品は、今でいうところのサブ・カルチャーみたいな存在。彼らに、邦画を観ることよりも断然カッコイイと感じさせたのだろう。それが私にも伝わってきた。だから、そんな彼らのお供をすることは、小学生の私にも鼻高々なことであった気がする。

私が小学校低学年の頃は、ラジオからは国内の流行歌と肩を並べて、ヒットしている洋画の主題曲が日本語に吹き替えられ、歌われて流されていた。

「ホワイトカラー」を自負する家庭ではそれが日常だった。

中でも、「マルセリーノの歌」が大人気となり、これを主題歌としたスペイン映画『汚れなき悪戯《いたずら》』（55）が多くの観客を動員していた。今でいったら、まさにミニシアター作品らしい小さな作品だが、大きな映画館で上映されていた。この作品を大人と一緒に観たことが、洋画に魅せられることの始まりだったと思う。

修道院という神聖な場での、けなげな少年の物語だが、子供にとっては衝撃的で美しくも恐ろしい結末。キリストの奇跡の瞬間を描いていたが、それは、ディズニー映画を観せられて育った私の心に、あまりに深く刺さった。

『テレーズ』ポスター・チラシ

会社設立を決めた時に、過去と現在が脳裏で一瞬にしてリンクした。第一回配給作品は、キリストに殉教した最年少の聖女を描いた、アラン・カヴァリエ監督作品『テレーズ』（86）であった。

立ち上げる際の作品は、クロード・ソーテ監督、イヴ・モンタン主演の『ギャルソン！』(83)と決めていたのに、予定外に飛び込んできたのが『テレーズ』だったことに「啓示」を感じた。

カンヌ映画祭で高く評価され、最高賞候補にまでなるも、最終的に審査員特別賞を獲得。アート性が傑出した美しい作品である。ソーテ監督は、それまでルイ・マル監督作品『死刑台のエレベーター』(57)の助監督からスタートし、活劇ものの作り手として知られる監督だったから、何かに導かれて作ったかのような「異色」の映画だった。

こちらのビジネス的意図を超えて、ラインナップのトップに躍り出たこの映画の配給については、私は何かに導かれたように思えてならなかった。もちろん、あの『汚れなき悪戯』との相関性。あの時からずうっと運命の糸は繋がっていたんじゃないか。決して偶然ではない、必然であると思えてならなかった。

このようにして運命的とも思える「神がかった」スタートに祝福されたことで、ますます私のモチベーションも高まった。

少女時代の憧れが活かされる「前づけ」

また、振り返って思うと、〝大人向け〟洋画の洗礼は中学時代にも続いた。

そんな子供の頃から洋画を観る時、映画が始まる前の配給会社の「前づけ」映像が流れる時間が大好きで、本編が始まる前の数秒のあの「間《ま》」に心をときめかせていた。この時間は映画鑑賞をする時、とても重要なものであると思う。

ハリウッドのメジャー会社の前づけは、本当によく考えられていたと思う。ライオンの雄たけび、自由の女神のようなシンボルや、雪を頂く山頂を綺羅星《きらぼし》が取り巻く映像などが登場すると、皆、静かになって不思議に姿勢を正す、みたいな。そう、言わば徒競走のスタートラインに位置する時にも似た緊張感が生まれ、それは昔も今も変わらない。本編を裏切るものでないようにと願う束《つか》の間《ま》は、それだけ映画への期待を高める。

だから、自分の会社の配給作品の前づけを制作する時も、すごくこだわりたかった。少女時代に観客であった頃のときめきの感覚を込めて作りたい。

が、それは「ライオン」でもなく、「女神」でもなく、「山脈と綺羅星」でもなかった。

それは、実にシンプルなもので、著名なアート・ディレクターの浅葉克己《かつみ》氏にデザインしていただいたエッフェル塔。巴里映画の社名ロゴなのだが、それをブルーの地にポンと置いただけのもの。そのシンプルさが、ハリウッド映画とは違う、身の丈に合ったフランス映画のシンボルではないかと思われた。

静止した3秒くらいの「前座」は、毎回本編上映前に登場しては、そのシンプルさゆえか、小さな緊張感を生み出し、お客様の視線をスクリーンに集中させていると感じられた。この映画「ウチの配給作品ですっ」といつも嬉しい気持ちにさせられた。

配給会社の作られ方「巴里映画の場合」

配給会社を作るといっても、その作られ方はさまざまであり、どこかにマニュアルなどあるものではない。

「資産家だから」とかという、まことしやかな「噂《うわさ》」の社長も多いのだが、いまだはっきりと確かなことは語られはしない。こと私に限っても、ご多分に漏れずそう言われていたことを知ると、大変名誉なことだと思いつつも、どこから湧いて出た話なのか見当もつかない。

社会に出て新聞記者から始まって、続けてきた雑誌・広告のエディター、ライターの仕事は、「好きこそものの上手なれ」そのもの。負け知らずだった。

1985年に、法人化して企画制作会社を設立以来、バブル景気のおかげか、この会社は業績も良く、クライアントから次々と仕事をいただけた。とにかく企画を立て、それをクライアントに提案してのもの作り。いつもクライアントに喜んでもらいたい、褒められたいという気持ちで取り組んでいた。

もともと、「手作り」が大好き、「現場」が大好きな性分であった。人と会って仕事を生み出し、作り上げる、現場主義一本やりで前進した。「資産家」とは程遠い。

新聞記者時代などは、入社したばかりの時、配属部署に女性記者は私だけ。生意気な印象をもたれたものだ。ベテランの男性記者たち全員が、女性だから音をあげるだろうと、私を鍛えたかったらしい。富士スピードウエイという鈴鹿サーキットと並んだF1レースの聖地があり、グランプリ・レースの時には、今の時代だと考えられないと思うが、原稿用紙に手書きで書かれた先輩記者たちの原稿を、東京の本社まで車を飛ばして四往復もした経験がある。それでも余裕だった。

学生の頃から、毎日車に学友を乗せて、往復六〇㎞くらいを走らせて、大学に通っていたのだからヘイチャラなのだ。スピード大好き、体力と気力は人一倍、何しろ若いのだから。

そんな感じで男性先輩記者たちには、寄ってたかって鍛えられ、認められてからはやりたい放題で、有名人インタビューや特集企画など自由に提案して実践できた。やりたいことが次々あった。鍛えられ方は、今ならパワハラに抵触するかもしれないけれど、そんなことを気にしている時間はなかった。「愛の鞭《むち》」という言葉が、まだ存在していた頃だ。

そのせいなのか、現在に至るまで、映画人のインタビューを小まめにしないと気が済まない「器用貧乏」体質は、変わらない。「社長」と呼ばれるのも好きではない。生涯現役、現場主義のクリエイターでいたいわけである。

雑誌・広告制作会社の異業種参入

そんな私に、企画制作会社を設立した2年後、配給会社起業のチャンスが訪れたというわけだ。白羽の矢を立てて下さったのは、業界でも屈指の大手配給会社の宣伝部長。

「あなたは、映画の宣伝に必要不可欠な雑誌に顔が広いし、力がある。そこが強い」

という言葉が、私の背中を強く押した。

雑誌の力が大きい時代、雑誌がフランス映画のヒットを左右する。これは、雑誌の世界で身体《からだ》を張ってやってきた私の心に一番響く。さすが、宣伝部長。口説き方はなかなかのものだった。

私が、配給会社に必要なスキル、武器を持っている？　そうか、それならすぐにでもやってみたい、と心動かされてしまった。

映画に人一倍詳しいか、語学が人一倍達者かと問われれば迷いも出るが、大好きな雑誌業界には、その頃私は確かに強かった。多数の人気女性誌に連載ページをいくつも持っていて、企画提案も自在にできるスタンスにいた。「marie claire（マリ・クレール）」「She's」「Pumpkin」「éf」などに自社配給作品を組み入れての企画を、自分で構成することができたのだ。

大手配給会社の宣伝部長とは、以前から映画を通じての良好なネットワークを共有・活用しあう関係であった。彼の会社の配給作品公開のたび、プレス試写会に招かれては、作品を記事にする。私の持っている雑誌誌面で、監督や俳優のインタビューをして欲しいという彼の狙いは、私の誌面作りにも大いに役立つものだった。フランス映画を世に出すという仕事において、彼とはすでに良き共犯関係にあったわけである。

当時の女性誌は常に「トレンド」は何か、時代をリードしていくのは誰かなどを軸に、

「旬」の存在を先取りすることに意欲的であった。

フランス映画は、まさにそれにすっぽりハマる、ファッション・アイテムさながらの存在でもあり、私はメディア側のスタンスにいて、すでにそういうカタチで映画とは関わっていたことになる。

私自身が配給する立場になったら、味方につけるメディアとのベクトルは真逆になるが、双方向での動きが生まれる。これが強みにもなるということに惹かれた。

多くの女性誌が、強い味方になってくれることを瞬時に確信しての、会社設立の決定であった。

映画を仕事にすることへのこだわりのトラウマは中学時代

「だからと言って何も、自分で映画を買い付けて配給することもないではないか、それまで通り、彼の映画のニュース・ソースを活かして、大人しく雑誌のライター、エディターをやっていればいいんだ」

そういう周囲の声もあったが、やっぱり映画は「魔物」である。自分の「好きな映画」を自分の手で、世の中に発信してみたい。この「ワガママな」願望は、私の会社にも寄せられる多くの志望者の方々の想いと基本は同じである。

だから、好きな映画を仕事にするには、自分で会社を作るのが一番早道である、ということにもなりそうだ。

それほどの、映画を仕事にすることへのこだわりは、中学時代の体験が影響しているようにも思い起される。

子供時代から一転して、保護者同伴ではなくなった中学生の頃、映画館は痴漢などもいて危ない場所だと母親から厳しく言われ、一人で観に出かけることは禁じられていた。その状況の中で、母の弟が勤めていたニッポン放送主催の試写会には、しばしば招かれ、何事も言われずに出入りできた。少女にはかなり衝撃的とも言える、アルフレッド・ヒッチコック監督作品『マーニー』（64）なども固唾《かたず》を呑《の》んで観守ったものだ。クラスメイトに大きく差をつけ、大人の仲間入りをした優越感と、きわどい冒険心に満ち満ちていた至福の時間を味わっていたのだ。

これが「トラウマ」となって、誰よりも新作映画を早めに観たい、映画を観るだけでは済まされないこだわりで、映画と関わっていたいという気持ちが植えつけられてしまったのだと思う。

単館系洋画配給ビジネスの黎明期

同時期に洋画配給会社を設立したのは私の会社だけではなかった。まだシネコンもない時代、ミニシアターと呼ばれる、ハリウッドに代表されるアメリカン・メジャーの映画上映とは別の映画館が誕生していた。ハリウッドスターはいなくても、優れた監督が手がける文化の香り高い、良質のヨーロッパ映画などのための映画館だ。すでにビデオが普及し、お茶の間で映画を楽しめるようにもなっていた。それと差別化を図ったミニシアターでの特別な映画の楽しみ方を、機会あるごとに自分でもメディアで提案した。

ハリウッドのスター俳優たちが出演するアメリカン・メジャーの作品などは、同時多発的に同系列の映画館で上映されていたが、ミニシアターはあくまでもその劇場一館、つまり単館で映画を上映することに価値を生み出していた。

その劇場で上映される映画を、そこで観ることに意味と意義があった。それらはアカデミックでファッショナブルであり、アート、モダニズム、アナーキーが何であるかなどを発信する作品と映画館なのであった。

東京での公開が終わってから大阪、名古屋、札幌、福岡など主要都市へと順次公開していくというシステムである。1時間半作品なら、35ミリフィルムがおおよそ六缶で全国上映が叶う。

劇場も価値のある名作を上映しヒットさせることで、ステイタスを高めていく。付加価値を売るビジネスでもあり、ニューカルチャーの発信源でもあった。

このような、80年代に台頭してブームとなっていくミニシアターの存在があって、映画作品を提供する「単館系洋画配給」の会社も次々誕生していったのである。

新しいフランス映画の観せ方は「隙間ビジネス」

70年代、ハリウッドでは旋風のように映画界に躍り出たジョージ・ルーカスやスティーブン・スピルバーグたちが映画界の寵児《ちょうじ》となり、作る作品が次々と映画新時代のムーブメントを牽引《けんいん》し、映画の楽しみ方が大きく変わっていく。フランス映画やイタリア映画は急激に色褪《いろあ》せたかのように見えてしまう。

アメリカのSF超大作『スター・ウォーズ』(77)や『未知との遭遇』(77)は、それまでに観たこともない映画の世界観を新たにさせた。誰もが圧倒され、魅せられた。私も例外ではなかった。

しかし、世界レベルでの映画界の変動にあって、フランス映画の新作は揺るぎなく生み出されている。本国では、いかにアメリカン・メジャー作品に観客が押し寄せようとも、ビジネス優先にはしない。国家的に「外来種」と、自国のフランス映画との配給バランスを図る、さすがは文化の国。

そうは言っても、日本でのフランス映画のマーケットは弱体化していた。一時代前ならフランス映画ファンに限らず、銀座の「みゆき座」のような名門映画館で上映し、多くの観客動員をした質の高い作品が、時代の流れで時代遅れのようにも思われていた。買い受けられず、「お蔵」になっているという「お宝物」を買い付けて、ミニシアターで観せようというのが、私がフランス映画配給会社を作ろうとした、当初の狙いであった。

このビジネスは、この時代の映画産業の「隙間」に食い込むビジネスであった。

配給第二作であり、大ヒット作品になった、イヴ・モンタン主演の『ギャルソン!』だが、後日、フランスではヒット作品とはいえなかったと明かされ驚かされた。

脚本を手がけたジャン＝ルー・ダバディ氏のご子息で、日本でスポーツ・ジャーナリストとして活躍するフローラン・ダバディ氏に直接伺ったことだ。「日本で大ヒットさせてくれてありがとう」と、丁重に感謝され、とても嬉しかったのだが。

　この仕事のやりがいを、早くも立ち上げ二作目で、手ごたえを感じることができたのはビギナーズ・ラックというだけではなかったと思う。スタッフ全員が一丸となって、日本でのプロモーションに渾身《こんしん》の働きかけをした結果だった。「蔵出し」したフランス映画を、ヒット作品にできることを見込んだだけの成果を生み出すことができたのだ。

『ギャルソン！』の売り

『ギャルソン！』は作品自体が秀作ではあったが、イヴ・モンタン主演だけで売るのでは、今までと変わらない映画の観せ方である。モンタンのファン層だけを呼ぶのでは、観客は限られてしまう。間違えば、もう古いという印象さえ持たれかねない。

　日本ではタイミングよろしく、グルメブームが湧き上がり、パリのブラッセリーの話題で持ちきりであった。ブラッセリーで働くギャルソンという仕事にも、注目が集まり出していた。

　運が良いことは他にもあり、ブレイクしていたカリスマ・ファッションブランドの「コム・デ・ギャルソン」の存在も、プラスになる。この映画には全く関係がないのだが、「ギャルソン」という響きが、すでに日本中に響いていたことはプラスなのだ。ラックを呼び寄せる機運が感じられた。

「モンタン」+「ブラッセリー」+「ギャルソン」が主役。売りの主軸は、この三点である。目端を利かせ、商機ありと判断し、そのうえで驚くような「適価」で買い付けることができた。宣伝展開を密に行った成果が予想以上のヒットを招いた。「当たった」というよりも「化けた」のだ。

『ギャルソン！』
ポスター・チラシは、デザイン・浅葉克己氏、イラスト・和田誠氏によるもの

ことほどさように、日本独自の切り口で付加価値をつけ、日本国内でムーブメントを起こしていける作品が、最高の「買うべき作品」となるのだ。

フランスでのブラッセリーは、時代に関係なく食の場であり、トレンドでも何でもない存在。日常そのもの普遍の場。しかし、日本では外食文化の流行アイテムで、オシャレさ、トレンディさを牽引していたのだから、宣伝の方向性もそこに絞り込む。

出版社に働きかけて、「ブラッセリーとギャルソン本のムックを作りましょう」と、提案。『GARÇON! リーズナブルなおいしい店100 Paris↕Tokyo』を出版して書店に並べていただき、賑《にぎ》やかす。ギャルソン・ブームを映画のプロモーションとともに引っ張っていく想いであった。

もちろん、ムック本にはこの映画のことも盛り込むわけだが、編集制作は私の企画制作会社が請け負う。二社の連動ビジネスに波及させることも、会社を起業することの当初の狙いの一つであった。

「日経WOMAN」では、「映画から新商品を開発する」というタイトルで、配給する作品から、生まれる書籍やキャラクター・グッズの開発について報じていただいた。

映画を映画として売るだけではないところの面白みも、配給会社設立当初の期待通りの手ごたえを感じさせてくれた。

小さいマーケットといえども、作品によってはロングランヒットとなり、宣伝費などもアメリカン・メジャー作品のような有料の宣伝費をかけないから、そこに収益を見込める。

当初は宣伝費を半分負担してくれる劇場もあったのだから、リスクも少なかった。良い時代であった。

ミニ配給会社の小さな強み

劇場公開後は、配給作品をビデオ化、TV放映する。これも配給ビジネスの一環である。今ならDVD、VOD化。権利をメーカーに販売して本数を決めていく。現在のDVDの価格を大きく上回る、一万円台の単価であったVHS時代は、大きな収益が得られた。

TV放映権も販売すればかなりの額になった。民放の地上波にフランス映画作品はオンエアされにくいのだが、この時期にはBS局も誕生しており、権利を売る先としてベスト・マッチングの需要と供給が成り立つ存在だった。このビジネスの良き「共犯者」たちは多様になっていく。

『テレーズ』も『ギャルソン!』も劇場で多数の観客動員を果たし成功を収めたことで、次なるステージにもスムーズに進めることができたのだ。

これもひとえに、フランス映画の力に魅入られた、多くのメディアをはじめ関係各所、観客の皆さんのおかげである。

より具体的なプロモーションについては第2章以降でも触れていく。

「異業種参入型」の新しい単館系配給会社が、フランス映画をヒットさせているということが業界の知るところとなり、会社設立の翌年あたりから、続々と配給会社も増えていく。そしてミニシアターも。

配給会社と劇場は、互いに需要・供給の立場にあるのだから、このマーケットを拡大させるのに、新配給会社誕生は自然なことであった。異業種業界から参入したこともあったし、「あんな小さな会社でもできるんなら、ちょっとやってみようじゃないか」と、話題の的になったという。私が作った会社が単館系配給業界に多少の影響を与えたのであったなら、名誉なことである。

その、「ミニ」であるところが強かったと思う。

株式会社だからといって、何も見栄を張る必要はない。所帯は小さくてよいのだ。スタッフも極力、少数精鋭。社長はオーナー社長だから、何でも自分でやる。配給作品の選択、判断と決済にもすばやく動ける。陣頭指揮を執って小回りよく働いた。そういう会社も巴里映画だけではなかったはずだ。

知られざる競技場

さて、肝心の、映画作品の権利元（権利保有会社や権利保有者）との関係に触れてみたい。配給という仕事の根幹がよくわかると思う。

一般的には、海外の優れた劇場用映画作品を日本に紹介し、日本と海外の橋渡しをする。そう思われやすい仕事だが、文化的事業とは違う。

この仕事で求められるのは、権利元である海外の映画作品の製作者たちにとって、いかに日本国内で多くの観客を動員し、収益を獲得して還元できるかである。つまり、作品のプロデューサーや監督のために、日本の配給会社がいかに国内で「勝負」に挑み、勝利を収めるかということになる。ハードなビジネスなのである。

おわかりだろうか。映画館の数は限られており、複数の作品を配給する競合、同業会社と静かなる「ツバゼリアイ」のある中で、である。

まさに洋画配給業界は、知られざる競技場なのだ。

競合会社同士が競技場に出て直接的に戦わないにしても、劇場を奪いあう、席取りゲームが展開することは間違いない。

ありていに言えば、優れた作品を見込んで権利を獲得したら、作り手側のために「日本代表」として奮闘して稼がなくてはならない。

日本での劇場公開、DVD・VOD化、TV放映化など、各権利の行使を権利元から委ねられた配給会社としては、かなりのプレッシャーを背負うことになる。

権利元はといえば、日本の配給会社が上手くいかない場合などのリスクを見越して、権利行使を許諾した配給会社側から、前渡し保証金を支払ってもらう絶対的優位な立場にある。このMGと呼ばれる「ミニマム・ギャランティ」というアドヴァンスは、交渉により合意のうえで金額を決定するのだが、力関係や相互の実績を元に値段の幅がある。

これが、いわゆる「買い付けのお値段」となる。

権利の有効期間内で、国内で生み出した収益からMGと配給・宣伝にかかった経費などを引いた残りの収益を、契約内容に沿って分配する。この点は映画ビジネス以外の音楽・演劇・書籍などの著作権ビジネスでも、基本はおおむね同じシステムだと思う。

MGの金額が少なくて済み、大きな収益が出た場合は、権利元へバックする金額が大きくなるという勘定である。そうなれば、もちろん権利元からの賛辞の声は大きい。「あなたの会社は、ヴィトンに匹敵するくらい素晴らしい」と言われたりして煽《おだ》てられる。

その逆で、先に大きな金額のMGを払ってしまって、「大コケ」して泣きついても、権利元からMG金額を返してもらえることはない。こういえば、このハードな状況は、第三者である皆さんにも、想像に難くないと思う。

権利元にとっての配給会社選びは「結婚」ではなく「恋愛」

そう、このビジネスはいかにコンテンツを作り保有する側が優位に立っているかを物語るもの。

映画配給は、著作権ビジネスなのであるが、その行使には、実に手間暇がいる。

だからこそ、「好きな映画」と言っているうちは映画愛好家の一人にすぎない。

配給のプロともなれば、「惚れた映画」というべきである。惚れた相手のために立ち働く、惚れているから頑張れる。惚れた作品、惚れた監督のために駆け回る。惚れ込んだ作品や監督たちが、日本でどうデビューできて、ブレイクできるか否か。彼らのために、本気の賭けに挑むのだ。

ただし、これも一作品ごとの関係である。「結婚」ではなく、「恋愛関係」なのだ。

例えば同じ監督作品で、前作を日本でヒット作品にした実績があったとしても、権利元にとっての、最新作の配給会社選びは、MG金額が高い会社が優位に立てることも不思議ではない。「離婚」手続きなど必要ない、あくまで「恋愛関係」なのだから。

だから、エネルギーがいる。何しろ恋に落ちた相手に気に入られなくてはならない。作品を大ヒットさせて喜ばせてあげよう。その一点に向けて戦う。

製作者はマイスターである。映画のヒエラルキーの頂点にいる。

自分はというと、そう、ウォルト・ディズニーが『ファンタジア』(40)で描いた「魔法使いの弟子」というべきか。弟子みたいなものである。

洋画配給とは、そういう仕事である。映画界でも、人知れず、不眠不休の一番ハードな仕事なのである。

ただ最近、「苦労が顔に出ていない人だなあ、という印象を持ちました」と、ある著名な芸能人にお会いした時に言われ、私はこれを褒め言葉だと受けとめ、仕事を続ける励みにもしている。

第2章　配給プロデューサーは「バイヤー」でもある

皆が欲しがる作品には手を出さない

「配給作品ってどこで買うんですか？」

よくある質問である。

私が配給会社を起業しないかと誘われた時にも、カンヌ国際映画祭と併設されているマーケット部門で、映画祭にノミネイトされた作品をはじめ、多くの海外作品が出品されて売り買いが行われていることくらいは知っていた。

「そこに買いに行くんですね？」と尋ねられたら、そうですと、まずはお答えしておこう。とは言え、スーパー・マーケットのお買い物とはもちろん違う。そこで良い作品を見つけ、買い物をしたとしても、帰りがけに持たされる荷物はない。35ミリフィルムの時代でも、フィルム缶を持ち帰るということもないのだ。

そのうえ、映画祭やマーケットに出向かなくても、プロデューサーから企画段階の相談をされることもあるし、毎日のように会社には完成した作品の売り込みのメールが来る。

どこで買うというより、映画祭に出かけた場合でも、誰から何を買うのかということになる。

まずは、「セラーから買います」と申し上げておこう。

映画祭などでは、気楽に監督と知り合いになるチャンスも多い。作品上映後のパーティーなどではワインを片手に会話を交わし、作品に興味があることを伝え、日本でぜひ配給したいと言葉を投げかける。作品への思い入れを語り、日本ではこういう感じでヒットさせられると思う、ぜひ我が社に配給をさせていただきたい、というように熱く語ったとしよう。

作品の作り手である海外の監督は、そういう発言にはこちらと同じくらい情熱をもって応えて語ってくれるに違いない。ただ、作品の売買の数字的な会話になると、「それは、プロデューサーに聞いて欲しい。あ、あそこにいるのは、海外セールスの窓口、彼がセラーだよ。紹介しよう。きっと良いビジネス提案をくれると思う」などとバトンを渡されるだろう。

もちろん監督は、できるだけ高値で権利を買って欲しいという気持ちでいっぱいには違いない。が、そこは餅は餅屋。セールスの窓口は作品のプロデューサーか、ワールド・セールスを任されている会社の担当者だ。

そこから空気は変わる。相手は監督とは違い、かなり現実的なビジネス会話を歓迎する。

それでも、プロデューサーは製作者であり、クリエイティブな価値観で作品を作り上げることには熱心なはずだ。単なるビジネスマンとは違う。話は通じる相手だ。

もちろん製作費を回収するために、少しでも高い金額で権利を売り、各国での上映やDVD化等々を実現し、収益を手にしたい立場ではある。が、まずは自分たちの作品を、どのように上映してくれるだろうか、つまり買い付けられる値段だけではなく、「愛情」の度合いを気にかけることは間違いない。

作品の持つアート性や監督のセンスや個性、いわゆる作家性を無視するような買い手には作品を委ねたくはないはずである。そして、バイヤーが複数になった場合、必ずしも一番の高値をオファーする相手にオーケーを出すとは限らない。

しかし、海外セールスのプロとして請け負っている会社が相手となると、限りなく高値で契約を決めるのが仕事であるから、そう生易《なまやさ》しくはない。ハードルは高くなる。やり手のセラーが手がける新作には、ステイタスさえ感じられたりするほどだ。複数の買い手からセールスのアプローチがあるのは当然で、値は上がる。

映画祭でいくつもの賞を獲得するなど、付加価値の高い作品ともなれば、国内の競合同士が争奪戦を繰り広げることは当たり前である。値が吊《つ》りあがった作品を〝セリ落とし〟、獲得するという喜びも、洋画配給ビジネスの醍醐味《だいごみ》かもしれない。

大きな金額になった場合は、オファーした複数の会社が合同で買い付けてリスクを分散させ、買い付け・配給に着手した作品というのもたくさんある。それだけ優れた作品であり、配給してみたい、自らの手で世に打ち出したいという、情熱をかける価値のある映画ということになる。作品チラシには「提供」「配給」などのクレジットが表記されていて、買い付けた会社を読み取れたりもする。

ただ、そうなった作品に、私の会社はもう手は出さない。いや、手は出せない。「買い付け」という、最初の出費を抑えるというのが、大方針なのだから。

急がず、慌てず、無理をしない買い付けをしてきた。「残り物に福がある」ということわざがある以上、それを本当のことにしてみようという試みでもあった。

買い付けは期限限定の著作権

作品の買い付けというのは「著作権の売買」であるが、劇場で上映する「シアトリカル権」だけではない。

シアトリカル権だけの〝バラ売り〟よりも、「DVD化権」「TV放映権」「VOD化権」

など多様な著作権を「オールライツ」と呼ばれる〝まとめ買い〟をさせるのが、原則として権利元の要望である。また、これは永久的なものではなく、限られた年数限定で、国内で使用し得ることを委託される。半永久的な権利保有をしたかったら、製作段階から出資する。

製作から加わったほうがビジネス的に有利か、期限限定で配給会社として組むほうが有利かは、作品によってケース・バイ・ケースで、見極めが肝心である。もちろん、金額の差は大きく違ってくるが。

買い付けの争奪戦になる作品は、どうしても知名度のある監督や俳優が出演している映画であることは当然である。そういうものが高値になることも必然的なこと。

私の場合は興味深い作品に出会うと、監督にまずインタビューしてみたくなる。監督のプロフィールを知りたいからだ。アート系の活動をして活躍しているような才能の持ち主、そういう存在が作る映画に惹かれてきたことも少なくない。初監督作品というのにも、心動かされる。

カンヌ映画祭でもバイヤー・パスだけでなくプレス・パスも取り、気になる作品の監督やプロデューサーには、まずは、インタビュアーとしてお目にかかり、作品への想いを伺ったりもする。

これが、その作品の日本国内での切り口を見つけるのにも役立つからだ。日本ではまだ無名でも、知名度を広めるには手間暇かかる作品であっても、日本のメディア、特に女性誌が飛びつくような存在になり得るものを探すことには、苦労より楽しみを感じてしまうのだ。そういう才能の持ち主を日本でデビューさせたい。それが配給プロデューサーの使命感であるような、そんな想いもある。

他社が目を留めない、留めていない「掘り出し物」を探す。

小さい作品の中には、自由に作られた、作り手の思い入れがガンガン伝わってくるものがあるからだ。

例えば、初監督作品には、どこか稚拙でも輝きがあったりする。大監督、巨匠の作品ともなると、さまざまなしがらみも生まれるのであろうか、さすがと思わせる完成度の中にも、好きなものを作れなかったような苦しみや、あがきが感じられることも少なくない。

そんなふうに思うのは、私だけかもしれないが。

「映画感度」の高い客層を夜に集める

「化かした」という感慨を一度でも味わうと、これはやめられない、もう止まらない。配給の仕事にハマっていく。

例えば、エリック・ロメール監督や、クロード・シャブロル監督作品で女優として活躍していた、ヴィルジニ・テヴネ監督とその作品は、探し求めていたものだった。彼女とは、互いに惹かれあっていたような気さえしている。

彼女の初監督作品『ガーターベルトの夜』(84)を配給したいと、パリまで飛んで直談《じかだん》判《ぱん》して意気投合。拝み倒して、最低保証のMG金額を、文字通りミニマムな金額でオファーし、監督からプロデューサーに交渉していただいた。

思う値段で交渉が成立し、配給することになり、彼女に報いるためにも、モチベーションは最高潮となった。

その時から彼女とは強くて太い絆《きずな》が結ばれたように思う。

彼女の存在を知ったきっかけは、日本でのデビュー作となった監督作品第二弾の『エリザとエリック』(87)だった。ジャン・コクトー原作、ジャン＝ピエール・メルヴィル監督の『恐るべき子供たち』（49）へのオマージュ作品ということにも惹かれるものがあった。オマージュ、リメイク作品には、いつも興味が湧くのだ。

主演の男優・女優のインタビューを配給会社から依頼され、「流行通信」でインタビューした。その時は、テヴネ監督は来日しなかった。「優しく美しい女性の監督」という彼らのコメントが強く印象に残った。日本受けするカリスマ性がありそうだ、と。

まず作品を一目観て、「アート性とセンス、オシャレさ。この監督は、日本女性の間でブレイクする」という興奮を隠せなかった。「シネ・ヴィヴァン・六本木」で公開されることも決まっていた。一作目の『ガーターベルトの夜』が日本で未公開であることを知ったのも、その時だった。彼女の二作目が、すでに日本で「畑を耕してくれていた」ことも有利なのだ。

その後すぐにパリに向かい、監督に

『ガーターベルトの夜』
ポスター・チラシ

会って、配給を決めたというわけである。

『ガーターベルトの夜』は、小さい作品ながら、「シネセゾン渋谷」のレイトショー作品として公開できた。この作品は、あえてレイトショーという時間帯の上映でこそ、良さが広がると見極めていた。当時、「カタカナ職業」と呼ばれた層の琴線を刺激するに違いない。夜の時間帯で1日一回、長く続けて評判を連鎖させていこうという狙いだ。

思惑通り、上映の回を重ねるごとに続々と、観にきて下さったのはカメラマン、スタイリスト、モデル、デザイナーという「カタカナ職業人」「業界人」の面々であった。「映画感度」が高い、言い換えれば、「ファッショナブル、クリエイティブ感度」が高い層、彼ら・彼女らはまさに有名なオピニオン・リーダーと並ぶ、地に足の着いたトレンドリーダーたち。

そうして、口コミは広がり「感染」は拡大していった。「これ観てないと、遅れるよ」とばかりに。

単館系洋画配給の興行のヒットの決め手は初日の客層で、その興行の行く末の目安になる。

「オシャレ系のカップルばかりですよ。イケそうですよ、これなら」と言う劇場支配人。

オシャレにこだわっている男女、または仲良し女子同士のようなカップルが大挙して初日に集まる映画が、ヒットに繋がる。科学的根拠はないが、無視できない現場経験的判断基準である。

普段は映画をあまり観ないけれど、旬な話題に敏感な「先取り感度」の高い二人組、大歓迎。夜の9時台という時間にもかかわらず、席は毎晩そういう層で埋まった。大成功である。『ガーターベルトの夜』というタイトルともマッチしていた。

ある晩、こちらで働きかけたわけでもないのに、演出家の蜷川《にながわ》幸雄氏が早めに観に来られて列に並んでいらっしゃった。この作品を配給する意味があったと、自分を褒めたくなるのもこういう時だ。

TVスポットを打ったわけではない、ポスターを街中に貼り出したわけでもない。テヴネ監督の来日インタビューは、かなりの数の女性誌に露出はしていたが、何を見て、どなたから聞いて、ここまで、この時間に、わざわざ足を運んで下さったものか。この時は、あまりの嬉しさに、私としたことが、歩み寄って伺ってみることも忘れてしまったのは、今も悔やまれることである。

さすが大物と思わされるのは、本物になればなるほど、実に小まめにこのようなフィー

『踊るのよ、フランチェスカ！』
ポスター・チラシ

ルドワークをなさっていること。有名・無名にかかわらない、どんなに小さなもの、片隅にまで興味を持った対象に自らの足で近づき触手を伸ばすという姿が蜷川氏から見てとれた。

この興行は大成功であった。小さい作品、小さい興行でもムーブメントは生み出せる。ちなみに、配給作品の一つ、ケリー・セイン初監督作品『踊るのよ、フランチェスカ！』（97）も、「PARCO（パルコ）劇場」などで大々的に演劇を展開することで知られる某プロデューサーが、レイト上映を観て大いに気に入ったという。そのプロデューサーからは、日本でこれを演劇にできないだろうか、と熱心に相談されたことがあった。

小さな映画が、才能あるクリエイターの気持ちを揺さぶるという反応には、そのつど映画の影響力というものに気づかされてきた。

小さく買って、大きくブレイク

『ガーターベルトの夜』は、ビデオ権買い受けの快諾も得て、収益としても手残りが見込めたことは快挙であった。何より、直接交渉したテヴネ監督に良い報告ができ、喜んでもらえることが嬉しい。「苦労」という言葉など、結果が良ければその場から一切消え去る。次に向けての意欲が立ち昇る。

ビジネス的なことだけではなく、このフランス映画を発信して、それに刺激を受けたクリエイターが受けとめてくれたこと、ヴィルジニ・テヴネ監督の認知度を日本で高めたことも、配給の仕事の目的を達成できたといえよう。

洋画配給の仕事をしていることの至福とは、巨万の富を築くこととは違う、ということが痛感できるのも、こうした時なのだ。

しかしながら、買い付けした時点から公開まで、半年から1年以上かかる長丁場の仕事。快挙や成功、感動を味わうのもひとしおながら、それは日常の中での束の間でもある。次をめざし持続可能にしていかなくてはならない、そういうハードビジネスには違いないのだ。

テヴネ監督とは、その後の90年代に本格的ブレイクを果たすことになる次の作品で、再びタッグを組み大成功を分かちあうことになるが、日本での彼女のマーケットを作ることになった、はじめの一歩が『ガーターベルトの夜』だったことは、今も忘れ難い。この作品のプロモーションのためにも、彼女の多面的アーティスト性こそ映画作りで花開かせるであろうと、雑誌「シュプール」に私自身の思いの丈を書き綴《つづ》った。

映画は、このように買い付けから始まって、時間を経ても必ず繋がり惹きあう存在であり、「製品」でもある。

それはテヴネ監督の第三作となった『サム・サフィ』という日仏合作作品で、私が日本側プロデューサーとなって、配給にとどまらず共同製作から関わることになった映画だ。フランスの「ガールズ・ムービー」が、予想を超えて日本の幅広い女性たちの心を摑《つか》むことができたのも、映画の持続可能な力によるものであろうか。

等身大のパリジェンヌに共感した90年代

日仏合作の共同製作作品のプロデュースは、配給という仕事を超えた製作・配給・宣伝という大仕事になった。

それまでの経験をすべて活かして、予想以上のヒットを呼び寄せることができた。公開劇場の「Bunkamura ル・シネマ」では、初日から満員御礼の回が続き、興行的には初日から1週間の週アベ（1週間の劇場稼動数アベレージのこと）一〇〇%を記録、1日四回、1週間毎回ほぼ満席という成績が続く。そして、前売り券を買ったお客さんが入りきれない事態にもなったのだ。そのことは、後述することにするが（94ページ参照）。

今ではアラフォー、アラフィフになっている、当時の「オリーブ少女」たちは、この作品のことを今も、遠くを見るようなまなざしで語ってくれる。

「その頃のなりたい自分が、このフランス映画の中にいたの」、と。

私自身、『サム・サフィ』には脚本段階で驚かされていた。これに関わらなくてはならない、とつき動かされた。

90年代のパリジェンヌの生き方が、まさに日本の女子のアイコンとなることが見てとれたからだ。そんな作品があるのか、と最初に目を疑った。フランスと日本のカルチャーギャップの垣根を取り除いたような、日本向けフランス映画なんてあるのだろうか。私と同じことを考えていてくれた映画監督がフランスにいるなんて、と。

すぐさま、感度の高い女性誌の編集者の方々に聞いてみた。

「フランスと映画を作ることになりそうなんですけど、今一番の旬のキーワードがいっぱい入っているの。そんな映画ができたら、特集を組んでもらえますか」

「地球温暖化とかエイズとか自己啓発とかをモチーフにしたフランス映画って観たいでしょう」

言うならば、自分が作りたかったような作品がそこにあったのだ。多くの日本の女性誌を味方につけやすいフランス映画。作らなくてどうする。国内で出資者を募り、フランス側の製作会社に出資する。そこに迷いはなかったのである。

女性の仕事と生き方を啓発

テーマは、女性の仕事探し。もっと言うと、「生き方と仕事のはざまでの自分探し」。折良く、就職・転職専門女性誌も時代をリードしていた。そういう媒体との宣伝タイアップは互いのメリットも大きく、90年代前半頃はそういう潮流が溢《あふ》れていた。

製作作品は配給作品と比べると、脚本段階から宣伝展開をイメージしてビジネス構築できる。公開までの間に、余裕のある宣伝展開も作っていける。配給の場合でも、買い付けて字幕などをつけて試写会を設定し、さまざまな宣伝展開のレールを敷いていくのに半年は必要だ。急ピッチの駆け足である。製作作品だと、1年以上も前から動けるのだ。出資会社を募ることも含めてだが、協賛会社を見つける、雑誌へ連載企画の提案をするなど、仕掛けの幅も大きく多面的に広げられた。

もちろんそれには、配給作品が五本くらい買い付けられる金額を投じなければならないが、配給作品がほぼ7年から10年前後の契約であるところを、共同製作の会社になると、例外を除いて、半永久的権利を得られる。

しかし、ヒットをものにしなくては出資会社には顔向けできないし、信用はがた落ちとなる。ヒットもしないような製作作品は宝の持ち腐れ。大変な責任とプレッシャーを抱えることにもなる。ヒットを出して、出資会社が出資した金額を上回る収益を生み出さねばならない、そんな責任を抱えることになるのだ。

だからこそ、自分がやってみて、改めて映画製作に次々関わる映画プロデューサーの方々の大仕事には常に尊敬の想いしかない。

けれども、そんな不安を吹き飛ばすような、追い風がこの『サム・サフィ』には常に吹いてくれていた。引き寄せる力というものは、人為的なことばかりで生み出せるものではなく、それは「運」「不運」も事実ある。しかし、人為的なことを積み重ねていけば、運も回ってくるということを信じて、いつも仕事をしてきた。

どんな仕事であろうと、仕事に「賭ける」以上、強運が回ってくる予感と前進が感じられる機運はあるものだ。

出資を募る時も協賛を募る時も、待っていましたとばかり、話が即日決まった。交渉相手にお目にかかるや否や、大きな金額にもかかわらず、その場で決まるということが多かった。テヴネ監督の持つ神通力の賜物だったかもしれない。時代の気分に、彼女と作品がスポンと収まったかのようであった。金銭面が早々に固まると、宣伝の一環となる話題作りには思い切ったアイデアをいくつも生み出せた。さまざまな交渉にも強気で臨めるものである。

プロモーションの核となる複合的コラボ企画

日仏合作のアイコン的存在として、主演の男優やミュージシャンを日本サイドから参画させるという考えがあり、人気のファッション・デザイナー、中野裕通《ひろみち》氏を衣装監督として擁立した。

映画のためのポップなマタニティ・ドレスが誕生し、映画の衣装だけではなく、中野氏デザインのTシャツを中野氏のブランドとコラボして、制作・販売してもいただいた。これは単なる記念グッズではなく、業界初の、観客の皆さんにも参加意識を楽しんでいただける「着る前売り券Tシャツ」として打ち出し、観客全員がこのTシャツを着て『サム・サフィ』を観ていただこうという大胆な発想も生まれた。これをまた話題作りのソースとし、マスコミに取り上げていただこう、と気炎を上げたのだ。

こんなふうに自分で仕事を増やすのが、宣伝の仕事というものであるのだから。

公開前だけでなく、公開中も持続可能な宣伝の連鎖というものを考えた。

しかし、「着る前売券Tシャツ」は、1日で終わる武道館などのライブとは違い、Tシャツを着ていないと作品を観ることができないという決まりは、一着で何回でも観られるのか、などの疑問も持ち上がって公開中の混乱を招き、観客を減らしかねないという慎重な意見も出てきた。

結局、残念ながら、「着る」がなくなり、「前売り券つきTシャツ」となっての制作と販売だけに留まらざるを得なかったが、これがまた売れに売れ、協賛して下さったメーカーさんからは、増産はもう不可能という悲鳴が出るくらいであった。

他にも、協賛した雑誌の読者に向けた「一日宣伝スタッフ」公募や、協賛会社の一つ、ルノーから広報車としてルノー・サンクを起用するなど、多様なコラボレーションによるプロモーションを次々と生み出していった。

女性誌の編集部に、一日宣伝スタッフが『サム・サフィ』を売り込みに、ルノー・サンクで乗りつけるという、参加型イベント性を付加させた宣伝展開も実施した。売り込むほうも、売り込まれるほうも、楽しく刺激的でなくてはならない、というのがモットーであった。これをドキュメントしてまた新たな記事を作り、読者とのコミュニケーションを相互にとれる誌面作りを雑誌で展開していった。さらには、「映画のタイトル」も読者から募ってみるというチャレンジもした。この異例のプロモーションには、業界から野次も飛ぶ。「自分が配給する作品のタイトルを一般に決めさせるなんて、何たることだ。映画の安売りもいいとこだ。みっともない」

もちろん、こちらも、そうそう適当に映画のタイトルをつけるわけにはいかない。洋画のタイトルは、勝負を分かつ要である。ヒットするもしないもタイトル一つ、と言って過言ではない。映画ファンの皆さんには、過去の作品をつらつら思い起こしていただけたらおわかりであろう。

結果、「自由でうんざり」というタイトル案が、公募の中で光っていた。日本の90年代を標榜するような素晴らしい言葉である。しかしながら、タイトルには今一つ弱い。ということで、これはキャッチコピーとして採用させていただくことにした。

「『サム・サフィ』キャッチコピーとして〜自由でうんざり〜に採用決定！」という見出しの記事で、「とらばーゆ」に発表し、同時にこのドキュメントも、メイキング・プロモーションとして記事にして報じていった。

『サム・サフィ』というサブリミナル効果

『サム・サフィ』ポスター・チラシ

さあ、それでは最終的にタイトルはどうしよう。不思議と名案は浮かばなかった。

『サム・サフィ』は原題通りの『SUM SUFFIT』しか考えられなかったのだ。

そもそもが、「もう、うんざりだ」というフランス語を、監督がスペルを変えて言葉遊びをして作り上げた「テヴネ語」である。

もう一つの意味も含んでいるとテヴネ監督は言う。うんざりという裏には、「私はこれで充分なのよ」という身の丈に合った生き方をも標榜すると。

じゃあ、『等身大のエバ』『素顔のエバ』、うーんダメ、全然ダメだ（エバというのは主人公の名前であるのだが）。

他人との比較ではない、自分は自分、じゃあ、自分の生き方はどうしたいの、という自分探しに躍起になっている、日本の女子たちにピッタリのマインドが映画になったわけである。共感を一心に集めそうなタイトルでなくてはならない。

そうだ、「サム・サフィ」という、全く知られていないフランスの「造語」を流行《はや》らせよう。

というわけで、出資会社の一つである、テレビ東京に、TVスポットで「サム・サフィ」という言葉を、連日深夜に大量連呼でキメていただくことになる。それがまた、半端な数ではなかった。まるで、サブリミナル効果を狙った新商品のスポットみたいに。

アガタ・モレシャンさんがフランスのイントネーションが残る日本語で、「サム・サフィ」と深夜帯の放送で繰り返し発声。その意味は「自由でうんざり」であることのナレーションも入る。

そのスポット動画は、流れる音楽といえば、ヨーロッパでブレイクしている旬のミュージシャン、キザイア・ジョーンズの映画挿入曲。何より原色に彩られた映像の中で躍動する、先進的でアナーキーな生き生きとしたパリジェンヌと、ゲイからストレートに転じたアーティスト風味の男とのカップリング。オリンピックが行われるバルセロナをはじめ、パリ、ブルターニュを舞台にした、当時流行のロード・ムービーでもある。まさに「旬」を感じさせるレアなフランス映画の予告編的映像であった。これに、若いジェネレーションは抗《あらが》うことはできなかったようだ。そのうえ、OL層まで大挙して観に来て下さるとは予想もしなかったことである。フランス映画を観るというよりは、自分探しに来て下さったのだと思えるのも、最近になってからではあるが。

フランス映画といえば、リュック・ベッソン、レオス・カラックスなどのカリスマ監督たちが席巻していた当時、まだ著名ではなかった女性監督の作品にもかかわらず、映画に目利きの映画通たちを飛び越して、オシャレな「門外漢」たちで映画館をいっぱいにした。そんな勝利感にも似た気持ちでいっぱいになった。

12周年記念特別企画として、カラー誌面一〇ページ分を提供、『サム・サフィ』製作から公開までのメイキング連載記事掲載を、一月から公開の八月まで協賛して下さった「とらばーゆ」、表紙から特集ページまで割いて下さった「Olive（オリーブ）」を筆頭に、この作品でも本当に多くの人気女性誌からの賛同を得ることができて幸せな気持ちであった。ともにブーム作りを分かちあえたことに、である。感謝の気持ちで今もいっぱいになる。

この作品は、配給のみならずフランスの製作会社との共同製作作品で、日本側のプロデューサーとなった私の力の入れようも半端ではなかった。スタッフと気炎を上げながら、メディアの力を借りて、二〇〇媒体に余るパブリシティを形にすることができたのだ。

前売り券があっても観ることができない

また、テレビ東京では、『愛ラブSMAP!』をオンエアしていた関係から、公開初日に木村拓哉さんに観に来ていただいた。今になると宝物のような出来事だ。

その初日には、「いつまで待ったら観れるのよ。立ち見でいいから観ることができないの、ココは？　私は、新幹線で今日中に帰んなきゃなんないのよ」と、1日四回上映のどの回も埋まってしまうことに怒り出すお客様もいらしたという。

ミニシアターは例外を除いて、立ち見ができないし、前売り券持参のお客様が、当日券でのお客様に先を越されてしまい、あっという間に席が埋まってしまうという事態が起きたのだ。

ちなみに、逆に、劇場初日に前売り券で観に来ていただくお客様ばかりであると、ロングランは見込めないという興行の目算も事実ある。つまり、当日券で埋まるということは、上映期間の先が長いことの裏づけにもなるのだ。

実際のところ、8週間（52日間）の公開中では、「ル・シネマ」の前売り券を買っているお客様が観きれないという異例の興行となり、その後「銀座シネパトス」で、「ル・シネマ」の前売り券を受け入れるという業界始まって以来の第二興行が決まる。

それが7週間も続いて、東京だけで通算15週という興行記録を出すことができたのだ。

そういう話題を聞きつけて、それまでのテヴネ監督の支持層のメインとなっていた、いわゆる業界人やクリエイターのみならず、丸の内あたりのOL層までが大挙して列を作って下さった。

「斬新」「キッチュ」「ファッショナブル」だけではなく、何より「こんなに楽しくて元気なフランス映画もあるんですね」という反応が一つの評価にもなった。難しく、しかつめらしいのがフランス映画である、というイメージを打ち破った気もして嬉しかった。

何より、今、時を経て思うことと言えば、当時この映画を観て絶賛し、応援して下さった多くの「旬」の若きクリエイターの方々が、現在みごとに成功して、第一線で「この人あり」という存在になっていらっしゃることである。ひょっとしたら、このフランス映画が良い刺激、良い影響を与えたことがプラスになっているのであったら嬉しい。そんな密《ひそ》かな気持ちを抱いているのも、プロデューサーならではの小さな至福である。

ともあれ、この作品が、90年代の日本の女子たちの生き方のヒントとなり、時代を標榜するフランス映画となったのは、フランス以上に日本の時代性にマッチしたからに他ならない。あるいは、日本女性の大きな意識変化を表層化させた作品ではなかったかというべきかもしれない。

この作品のヒット要因についての例証は、まだまだあるのだが、ここまでにとどめておこう。

フランス映画のように打ち出せる映画を探して

別のケースも述べてみたい。同じく小ぶりで、日本ではまだ無名の作品であったが、日・韓二つの映画祭で最高賞を獲得し、ビジネス的にも良い結果を生んだ例である。

ＭＩＦＥＤと呼ばれるミラノのフィルムマーケット、ここで目に留めたのは、ニュージーランド映画だった。

男優でミュージシャンとしても活躍、短編映画作品をいくつも作り、TVシリーズのカルト的作品で評価が高まり、劇場用映画を撮ったハリー・シンクレア監督の『TOPLESS』(97)という作品が気になった。

同郷の大物監督ピーター・ジャクソンを親友に持つシンクレア監督は、親友が作るホラー映画『ブレインデッド』(92)、次いで『ロード・オブ・ザ・リング』(01)に出演している。後者では、指輪を返さないで破滅する王様の役であった。

「ものの三分しか出番はないから、ああいうのを、本当の友情出演って言うんだね」とは、後で直接お会いした時に、シンクレア監督自身から聞かされたリアルなコメントである。

ハリウッド入りして有名になったジャクソン監督とは、あくまで旧知の友としての絆を大切にしていて、競争心などみじんもないことを語ってくれるナイスな人物だった。

『TOPLESS』は、そもそもTVシリーズが大当たりして劇場用作品に編成し直し完成させたところ、ニュージーランドのアカデミー賞八部門を獲得する快挙となった作品だ。それまでのニュージーランド映画とは全然違う、洗練された、しかしどこかダークな部分もある群像劇に目を見張った。国内ではニュー・ウエーブの旗手として注目されているという。

パリで映画制作を学んで、国内の新世代を牽引する映画作家であるというシンクレア監督の持ち味には、どこかフレンチ・テイストもあり、日本でも注目されるべき存在なのではないか。その可能性を感じさせた。

が、全くの新人であるから、宣伝展開では多くの切り口をつけなくてはならない。それまで配給してきたフランス映画作品に並ぶ存在になり得るのかどうか。

フランス映画は、フランス映画というブランドであるがゆえ、スタート時点から有利である。ニュージーランド映画でも、「注目すべき映画」として、観客をはじめ多くのメディア、評論家、映画ライターの面々をその気にさせられるだろうか。賛同を得られない場合は打ちのめされるしかない。だから本気にもなれる。この配給という仕事は、私をその気にさせる仕事なのである。

NZ発のカルト・ムービー『TOPLESS』

シンクレア監督と『TOPLESS』という作品の順当な売りといったら、ニュージーランドのアカデミー賞を八部門獲得した作品であるということ。要は、その時期に日本で映画トレンドとして人気が高まっていた、「カルト」ムービーになりそうかどうか、そこを狙いたかった。

実によくできたヒューマンな若者群像ドラマだが、どこかヘンな映画でもあったのだ。

『TOPLESS』横型ポスター・チラシ

ひょっとして「化ける」のではないか。

原題からして、『TOPLESS WOMEN TALK ABOUT THEIR LIVES』（トップレスの女たちが自分たちの生き方を語る）というのだから、可笑《おか》しい。

日本でトップレスの女性というと、風俗嬢を思い浮かべる人もいるだろうが、フェミニズム運動の一環で、男性だけが上半身裸で堂々と過ごしているのはおかしい。差別である。女性だってそうしたいという主張の主婦たちが、自身を語るというドキュメンタリー映像が挿入されている想定だったりして、相当ヘンなのだ。

それを作ったメイン・キャラクターの一人、監督志望の男が登場する。彼がシンクレア監督なのではと思わされる。主人公の女性は、同棲《どうせい》していた男に裏切られ妊娠中だが、自由奔放で誰の子供かわからないまま、彼女に惚れている別の男が、父親になってもよいと言う。彼女は気が向かないままに同棲を始める。この男もシンクレア監督である気にもさせられて、面白い。

そんな、自由で多様な生き方は、『サム・サフィ』と共通のものがある気もした。主演女優のダニエル・コーマックは実際に妊娠中だったというのだから、たいしたものである。生き方の主張やメッセージ性を掲げるのでもなく、皮肉と苦笑いの連続の傑作ムービーであるところが気に入った。生き方の多様性という観点では、むしろ今の時代のほうが日本では売りやすかったかもしれない。

監督自身も俳優出身だから、絵になる。フォトジェニックなマスクであった。ミュージシャンとしてアルバムも出しているし、世界的人気バンドの「オアシス」を批判する姿勢も、私には賛同できた。

しかし、「TOPLESS」と聞いたら、どうしても風俗系をイメージしがちなので宣伝は難しい、興行も厳しいのではという周囲の意見もあった。それでも私自身は、当初からてっきり風俗業の女性の話だと思って興味を持ったくらいだし、風俗嬢の生き方ってどんなものなのか知りたい、などと同性として惹かれていた。

結局、「TOPLESS」という言葉には、「天井知らず」という意味もあり、それほどのヒットに恵まれるラッキーなタイトルである、などと一人で縁起を担ぎ、『TOPLESS』のタイトルで配給することに決めた。決定するのに迷いはなかった。それほど、見逃したら後悔しそうな作品だった。自分で見つけて買い付けて、自分の手で、日本で公開したかった。

「旬」な映画に必要な「売り」の切り札

『TOPLESS』を日本でデビューさせることの助けになったのは、シンクレア監督と同郷の親友、ピーター・ジャクソン監督の存在だった。

シンクレア監督よりひと足早く、世界的に著名になっていた。

B級ホラー&スプラッター作品でありながら、アボリアッツ国際ファンタスティック映画祭でグランプリに加えて批評家賞、SFX賞を受賞した『ブレインデッド』では、その後の才能を予感させた。その証《あかし》のような、『乙女の祈り』(94)は監督作品四作目にして、ヴェネチア国際映画祭で監督賞にあたる銀熊賞を獲得。その異能にいち早く目をつけたハリウッドは、2年後に彼を迎え入れ、一挙に大物監督として大作に起用した。『ロード・オブ・ザ・リング』三部作（01・02・03）の完成・公開に至っては、第三作『ロード・オブ・ザ・リング／王の帰還』が、アカデミー賞11部門受賞という快挙をもたらし母国に錦を飾る。

彼の存在は、ニュージーランドという国が、映画作品やスターとしての才能をハリウッドに送り込もうと積極的に支援する中での、大きな結実の証になっていく。ニュージーランド映画界のイメージを一挙にアップさせるものとなった。

その動きを有利に捉え、シンクレア監督の存在と作品で「ニュージーランド映画ってなかなかやるね」と思わせせられたら大成功、と私はモチベーションを上げていた。

また、ミラノのマーケットでの窓口となっていたセラーが、ニュージーランド・フィルム・コミッションという国営の映画支援機関であり、ビジネス優先ではなく、映画文化に前向きな姿勢なのにも信頼と好感が持てた。

過去の実績を評価して下さって、国の映画産業のプロモーションにプラスになるなら、できるだけの協力を惜しまないとエールを下さる。こちらもそれに報いなくてはならない。ニュージーランドという国の、新しい映画文化のアピールのための使命感すら沸いてくる。

マスコミへの第一声は、ピーター・ジャクソン監督の説明から始まり、ニュージーランドはヴィトンのヨットレースも行われる場所だし、フランスのシャンパンメーカーもニュージーランドにワイナリーを持っている等々、いかに世界が注目しているか、今が旬かという前口上から始める必要もあった。ただ、間違いなく自分も、映画をきっかけに、心からニュージーランドという国の素晴らしさに注目しだしていた。

今の時代では、ニュージーランドはすでに、政治、経済、文化、エコロジーなど、さまざまな点で世界的に注目される国として認知度も高まっている。

何事につけ、「旬」を扱うのは手間がかかるものだ。

ビバリー・ヒルズvs.器用貧乏

前述した、ジャクソン監督がハリウッド入りして大成功を収め、親友シンクレア監督をハリウッドに誘ったという話は興味深いものがあった。ハリウッドで一緒に何かやろうじゃないか、こっちはすごいよと。ところが、

「ありがとう。でも、僕には向いていないと思う。ハリウッドでは映画作りが分業化され

『ミルクのお値段』ポスター・チラシ

すぎている。僕は、何でも自分でしないと気が済まないからね」

と、シンクレア監督は大物になった親友の誘いを断ったという。

人の生き方や幸せは、他人には計り知れないものである。

ビバリー・ヒルズのセレブをめざす生き方、「器用貧乏」性を露《あらわ》にする生き方、あなたならどちらを選ぶだろう。

他人の価値観に流されることのないシンクレア監督には、私はますます好感が持てた。ますますもって応援したくなっていた。

ちなみに、それでもジャクソン監督との友情は揺るがなかったようで、『ロード・オブ・ザ・リング』シリーズで、指輪を返さない王様役でシンクレア監督を出演させずにはおられなかったようなのだ。ちなみにシンクレア監督の、時代劇の扮装の王様役は際立って美形である。この作品を観た方には思い出していただき、これから観る際にはお見逃しなく。惜しくも、シンクレア監督は瞬きするうちに現れて消える存在ではあるが。

そのお返しにシンクレア監督は、『TOPLESS』に続いて撮り、巴里映画で配給することになった『ミルクのお値段』(00)に起用した、母国出身の新人男優カール・アーバンを『ロード・オブ・ザ・リング』に推薦。同作品の第二作、第三作への出演を果たさせている。

出演したジャクソン監督のその作品が大きく注目されたことで、アーバンもハリウッド入りを果たし、マット・デイモンの相手役を務めた『ボーン・スプレマシー』(04)を皮切りに、売れっ子スターとなって現在も活躍中だ。

このように、映画が結ぶ友情は映画作りに大きく役立っているようである。

『ミルクのお値段』も、『TOPLESS』に引き続き配給することになったのは、ニュージーランド・フィルム・コミッションからのオファーとともに、前情報をいただいたことが大きい。『TOPLESS』での実績を評価してくれたのだ。もちろんシンクレア監督からの推しもあったようだ。

『TOPLESS』は新人監督のニュージーランド映画ながら、「シネ・ヴィヴァン・六本木」という、名監督の作品上映をしてきた歴史を持つ名門ミニシアターで、6週間の上映となったのはなかなかのもの。ＤＶＤ化も良い条件で決めることができた。何よりＷＯＷＯＷでの放映も決定し、小さな作品ながらずいぶんと健闘したものだ。

来日したシンクレア監督のインタビューは「朝日新聞」でもカラーでの掲載となり、とても好意的な内容であった。「虚を突く」ような作品であるという画期的なタイトルを目にした時は、この作品の素晴らしさが認められた証であると受けとめ、監督と一緒に大喜びしたものだ。

無名の監督と作品なのに、新聞、雑誌のインタビュー要請が三〇媒体以上あったことも、この作品へのプロの反響の大きさが感じられた。

ちなみに、三〇媒体以上のオファーが来たことを監督に伝えると、褒めてくれるどころか、「ユー・アー・クレイジー」と言われ、ショックを受けた。主演のダニエル・コーマックが妊娠中に、この作品を撮るなんてことをしている監督のほうが、よっぽどクレイジーじゃないの、と喉まで出かかっていたら、続けて、「僕もクレイジーだよ」と言うのでその場は我慢した。

それからずっと後になってであるが、「歴史を切り開いた人たちは、みんなクレイジーだった!?世界中から収集した貴重な映像資料と、生き証人への徹底取材で、エネルギッシユで常識破りな天才たちの素顔に迫る!」という謳《うた》い文句の、NHK総合『クレイジーズ』というTV番組が登場。初回にココ・シャネルを取り上げていたこと(その後の継続はないようだが)を知り、「クレイジー」が、褒め言葉だったんだなと、気持ちが収まり、彼の言葉を噛《か》みしめることができた。

企画段階からのオファーはラッキーか?

『ミルクのお値段』は、企画段階でニュージーランド・フィルム・コミッションからのオファーが来た。完成した作品を観る前に「買う」ということは、この業界では珍しくはない。

私の会社にオールライツの権利を「売りたい」とのご指名なのだ。が、当然リスクは大きい。

シナリオ段階での作品の良し悪《あ》しは判断がつきにくく不確定である。しかも、この監督、シナリオはほぼないに等しい。撮影現場で、即興にも近い演技指導をシーンごとに行うのだ。こちらは、シノプシスとプロモーション映像だけで判断しなくてはならない。

今度の作品は、カンヌ映画祭のコンペティション部門に、ニュージーランド代表として応募するという。その前に契約が求められるのだ。

短いプロモーション動画を観せられた。いい感じ、心が動いてしまう。

カンヌ映画祭のコンペティションに選ばれる選択眼の一つとしては、ネイティブ性、その国のアイデンティティやカルチャー、時代性などが色濃く出ていることが重要だ。『ミルクのお値段』にはニュージーランドカラーを盛り込んでいた。だが、プロモ動画を観る限りでは、シンクレア監督の良さが感じられるものの、カンヌを意識してか、少し無理やり感もあった。

自由に作った『TOPLESS』の力強さが薄まっている気もした。主演女優は『TOPLESS』と同じ、ダニエル・コーマックを起用。出産を終えての出演だ。

主演男優は、シンクレア監督がジャクソン監督に推薦したカール・アーバン。『ロード・オブ・ザ・リング』の二、三作に主要な人物として起用される前の、シンクレア監督が見出《みいだ》した新人だった。ニュージーランドの牧歌的で、ランドマーク的ロケ地での、男と女のファンタジックな恋の顚末《てんまつ》。エコロジーを求められる今の時代の問題点を問うている。

結局、コンペティション部門には惜しくも入選は叶わず、マーケット部門でのプレミア上映作品となった。

ラッキーにもこの時点まで契約のサインもしないまま、「予約」を活かしておいてもらえていた。こちらからの引き延ばし作戦に相手は実に柔和であった。

ここが、勝負のしどころである。コンペティション・ノミネイト作品ともなると、複数の買い手のオファーが現れる。値も上がる。コンペティション部門に落ちたことは残念ではあるものの、そこが、こちらにとってはかえって有利と捉えた。

ノミネイト作品が必ずヒット作品になるかというと、そんなこともない。ノミネイトされても、さらに受賞作品となるか、ならないかで価値は大きく差がつく。

落選で弱っている相手に、今こそ強気でネゴシエーションできるチャンス到来なのだ。

「ここまで契約を延ばしてしまい、甘えてばかりで心苦しいですが、ここまで来たら、カンヌでのプレミア上映を観てからの最終判断でもよろしいでしょうか。そして、それまで、他の会社には売らないでいただくわけにはいきませんか」

かなり、面の皮の厚い物言いである。しかし、相手はあくまで紳士的であった。

「わかりました。まだ数カ月ありますが、あなたの会社に配給してもらいたいから、日本はすでに『SOLD OUT』と発表しておきます」

何ともありがたいが、同時にプレッシャーもどっとかかる。

もう、ここまで来て作品を観たうえで、「やっぱり、買うのはやめます」とは、いくらなんでも言えたものではない。期限を延ばし延ばしに取り置きしてもらった服を、結局キャンセルする、そこまでの「オバサン力」は、さすがの私にもないのだ。

賽《さい》は投げられてしまった。観てもいないのに買ってしまった。相手のほうが、商売上手なのだ、結局は。

カンヌのプレミア上映に込められたメッセージ

迎えたカンヌ映画祭のマーケット部門のプレミア上映では、観た後、時間が止まった。最初からないに等しいシナリオなんだし、シノプシスや、プロモ動画も当てにはできない。

思ったものとは全然違う。息を呑んだ。何なんだ、これ。

何でニュージーランドでの結婚式がインド式なのか。原住民マオリの男たちが妖精さんだって……。ぶっ飛んでいるところが、この監督の世界観で、前作はそれを「カルト」で売ったのだったが、今回はぶっ飛び方が違う。

さあ、これで日本での配給の契約をしてもらえるだろうとばかり、まず監督が私に詰め寄る。ハンサムな笑顔でハグをしてくれる。こちらは、頭の中は混乱し続けながら、おめでとうと伝えることで精いっぱい。

「どうなの？　好きかなあ。日本で配給しやすいかなあ」との問いには、「ディズニー、入ってません？　裏ネタがたくさん詰まっているみたいで、まだ何回も上映あるから、もう一度観ていいですか」と、かわした。

今回は「人も死ぬ」と聞かされていたので、権利の先買いが内定してすぐ、カンヌ前にすでにビデオ権販売も内定させていたのだ。最終的に監督は、「人は死なせなかった」のだ。それが当たり前なのは、やはり優しさに包まれた、シンクレア監督の世界が守られていたからだ。

大雑把にすぎると怒られそうだが、当時のビデオ・DVD業界では「人が死ぬ」「火薬の爆発」「血が出る」などは、ないよりあるほうが歓迎され、発売する数が大きく変わり、契約金額に影響する。

それにしても、『ミルクのお値段』は、誰に向けて作られたのであろう。私がカンヌ映画祭で観終わってピンと来たのは、まず、そのことだった。

マオリの男たち演じる妖精たちは、その名も「ジャクソンズ」だという。やっぱりねー、そう来ましたかと、苦笑い。

クリエイターというものは乙な遊びを、映画に託してするものである。暗号を託しての作品作りをやってのける。やっぱり羨ましいな、映画監督って。

誰あろう、莫大《ばくだい》な費用をかけ、世界を股にかける一大ファンタジー映画の作り手である、盟友ジャクソン監督に、一番に観せたかったに違いない。そして、メッセージを託した。

「身の丈に合ったファンタジーを僕も作ってみたよ。カールも出ているしね。お金をかけなくてもファンタジーは作れるよ」なんて呟《つぶや》きが感じられてならなかった。

そうか、そうだったのか、と腑に落ちた。そして、『ミルクのお値段』、気に入った。

その通り、その通りと、再びシンクレア監督の手作り精神に賛同してしまう。

「器用貧乏」結構ではないか、私も同類だもの。

「ファンタジーを作るには、巨額はいらない」のスローガンは、もちろんこの作品の配給・宣伝の売り文句の一つにした。ミニマル・ファンタジーの誕生だ。

それは、大自然に包まれたニュージーランド発だから、リアリティがある。

森があり、「妖精」もいる。お伽噺《とぎばなし》もある。その大自然も開発で変化を強いられる。マオリの原住民が守ってきた森も妖精も脅かされている。豊かな大地と経済性との共存は持続可能なのだろうか。最終的には「愛」がそれを助ける、というような大人のためのファンタジーとして作り上げた『ミルクのお値段』。多民族を移民として受け入れる国でもあるので、インド式の結婚式もあり、とわかったら、それも不自然ではなかったのだ。

考えてみたら、シンクレア監督の「等身大」「ミニマル」「自分らしく」というような精神も、テヴネ監督の『サム・サフィ』に通じているではないか。

二人の監督を直接引き合わせたら、エラく気が合ったことだろう。また、そういう精神の持ち主を、私が引き寄せてしまうのであろうか。ご縁がある。

完成前の作品「買い付け」のリスクとチャレンジ

買い付けについての「先買い」のリスクを実感するも、『ミルクのお値段』の日本国内での展開には功を奏した点も少なくなかった。

内容がわからないままの決定は、くじを引くようなものだ。ただ、完成前から、国内での宣伝展開やビデオ・DVD・TV放映権のセールスなどに動けるので有利ではあった。

見極めと判断にはリスクはつきもの。これにチャレンジして成果を出すまで、常に先が見えないビジネスだが、そのリスクとスリルが、この仕事の面白さでもある。

カンヌ映画祭は高嶺《たかね》の花だったかもしれないが、『ミルクのお値段』は、韓国のプチョン・ファンタスティック映画祭でグランプリ賞を獲得。

その後日本でも、カンヌの仇《かたき》を東京で討つ気合いで、渾身のプロモーション活動の結果、劇場公開の前に、2001年東京ファンタスティック映画祭にノミネイトをオファーし、グランプリ賞獲得を果たせたのだ。観客からの投票も反映しての結果であった。韓国と日本でダブル受賞。

多くの監督が最後の受賞結果発表まで日本に滞在しないところを、シンクレア監督は快くすべての時間をこの映画祭とともにしてくれた。

閉会式には受賞の喜びと感謝の意を伝え、長年のこの映画祭の熱心なシネフィルの皆さんに素晴らしいメッセージを託した。

ニュージーランドは小さな島国であり、そんな国の映画に目を向けてくれただけでも感謝している。映画というものは大きな可能性を人々に与えてくれる。それに関われて本当に幸せであると。

謙虚であくまでジェントルなメッセージが胸を打つ。我が日本こそ小さな島国である。

この二つの国がもっと一緒に映画作りをしたらよいのにと思わされたものだ。

こんなふうに二つの映画祭で最高賞に輝いたという事実は、興行だけでなく、その後のビジネスステージにも良い影響をもたらしてくれた。

やはり優れた作品であったことは証明されたが、監督をはじめとするニュージーランド・フィルム・コミッションの、過分ともいえる協力が実を結んだとも思える。

要は、映画は、「売った」「買った」ということだけで終わるビジネスではなく、製作者や監督をはじめ、売った側、買った側の関係者が一丸となった時に、花開く。

ニュージーランド映画とのビジネスは、あくまでも買った側に優しかった。一緒に仕事をするのに、実に気持ち良く組めるパートナーだった。

近年では、ニュージーランド・フィルム・コミッションは、世界中の映画製作において、中国からの出資のパートナーにもなっているという。ハリウッド映画で、エンドクレジットに中国と並んでニュージーランド・コミッションのロゴが見受けられることも少なくない。機会があったら、ぜひ見ていただきたい。

『スウィーティー』
ポスター・チラシ

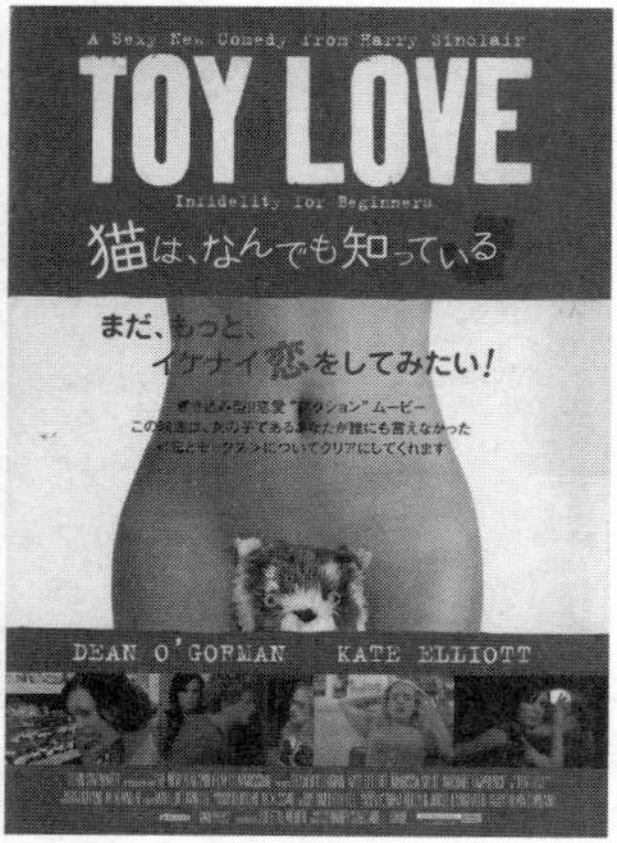

『猫は、なんでも知っている』
ポスター・チラシ

クロウト受けする映画

ハリー・シンクレア監督の三作目となる『猫は、なんでも知っている』(02)にも配給として関わったのだが、ニュージーランド映画という、本当に良い鉱脈に当たったのだと思う。

その映画は、小粒な作品で、「シネセゾン渋谷」のレイト上映となる。しかし、『王様のブランチ』で、特集としてかなりの時間を割いて取り上げていただいたことには驚かされた。

多分に、ハリー・シンクレア監督の映画は、「クロウト受け」する作品であったと、今になるとよくわかる。マスコミ側にも個性の強い面々が大勢いらして、そういう作品を迷わず紹介したいと共鳴して下さった。それを実践することができた時代だったようにも思う。

ちなみに、ニュージーランド出身といえば、ピーター・ジャクソン監督と並んで、世界的に有名になったジェーン・カンピオン監督がいる。

『ピアノ・レッスン』(93)という世界的大ヒットを世に出すのに、そう時間はかからなかった。母国の歴史的特長を活かし、女性監督ならではのジェンダー性を剝《む》き出しにして、タブーともいえるテーマに取り組んだ圧倒的な完成度で、カンヌ映画祭で二冠、アカデミー賞で四冠を獲得。世界中が舌を巻いた。

彼女の長編第一作、『スウィーティー』(89)も私の会社で配給している。まさか、その後、彼女が大々的な進歩と進化を遂げるとは、恥ずかしながら予見していなかった。しかし、大監督になった彼女の初期の作品を手がけられたことはまた、こちらにとっての糧にもなるものだ。無名の監督について、どう広く知らしめるかを真剣に考えて配給したことへの、後からのプレゼントとしてリアルな喜びになる。

『バンカー・パレス・ホテル』
ポスター・チラシ

異ジャンルのアーティストによる
初監督作品

初監督作品に関わることが多かったのだが、フランスの大物劇画家のエンキ・ビラルが初監督した『バンカー・パレス・ホテル』(89)も配給した。映画監督としては、未知なる存在だった。フランスのバンデ・デ・シネの重鎮であり、日本の劇画界の天才的存在として知られる大友克洋《かつひろ》氏が敬愛してやまない存在であったが、配給を決めた時は、日本ではゼロ・ベースからのスタートであった。

パリに出かけてビラル監督にお目にかかり、今回の映画への想いを伺った。それをインタビュー記事に構成し、トレンドリーダー的存在であった、「流行通信」のカラーページ二見開き分を割いていただく。自ら編集・執筆、パリで撮影した写真で寄稿する形をとってみた。

手間もかかるこのやり方は、プロモーションの一環としての得意ワザなのだが、お金だけをかける宣伝ではなく、「時間をかける宣伝」が価値を生むということの、繰り返しの試みである。

雑誌の力は強く、チラシに加えての、こういったステイタス・マガジンの記事は、影響力ある宣伝ツールとなる。「旬」の映画監督を世に知ってもらうためにも必須なものだと思う。

『バンカー・パレス・ホテル』では、名優ジャン＝ルイ・トランティニャンとキャロル・ブーケに加え、世界を震撼させたベルナルド・ベルトルッチ監督の衝撃作『ラスト・タンゴ・イン・パリ』(72)で、マーロン・ブランドという大スターと濃厚なセックスシーンを大胆に演じたことで一挙に世界的に知られた、マリア・シュナイダーを起用していた。1987年あたりに世界的にメジャーデビューして、当時日本でも注目が集まっていた「ブルガリアン・ヴォイス」の曲が挿入され、神秘的でシュールなアート映画だった。

これを観せるには、観せる場所を間違えてはいけない。映画作品ではあるが、フランスの劇画世界のカリスマ、ビラルの「アートをシネマで観る」というスタイルを打ち出すことにこだわった。そのこだわりを形にできる劇場があれば、話題も高まる。

シネセゾン系の劇場の一つとして、映画以外の展覧会なども展開していた渋谷の多目的ホール「シードホール」は、当時の渋谷の「尖《とが》った」層にとっての「聖地」的映画館でもあった。ここにブッキングを狙い、決めていただいた。

この映画と劇場のカップリングに、ホールサイドは貴重な「出物」の到来に大歓迎して下さって、良き「共犯者」としてのタッグを組むことができたのだ。

好きに作ってこそ映画

伝説的映画評論家の淀川《よどがわ》長治先生には、いつも通り新作映画の試写会にお迎えして、『バンカー・パレス・ホテル』の評価をいただいてみたかった。

「私には時間がないんですよ。時間を無駄にするような映画は観せなさんなよ」

ウイットいっぱいの先生の口癖は毎度のこと。

しかし、この作品が先生の時間の浪費になってしまうだろうか。その時ばかりは、この異業種の監督が作った初監督作品を心配した。

それでも先生は、個性的で、類に属さない表現に心動かされたのか、

「好きに作っているね。映画は好きに作ればいいんですよ。好きに作れなくちゃ映画じゃ

ないからね」

何と、上手い逃げ方で褒め方なんだろう。さすがであった。

当時、先生の一番気に入った作品は「anan」の連載枠に入れていただける。だが、惜しくもそれは逃し、業界紙の連載のほうに良い記事を書いていただけた。

先生は、あくまで映画と作り手に愛を贈る。素晴らしい本物の評論家なのだ。ありがたかった。

このように、私は新進気鋭の監督と初監督作品というものにはご縁があり、その出会いは「買い付け」の現場なのである。こちらの望むところだから、旬の作品が寄ってきてくれるのは大歓迎である。

また、「買い付けた後、料理は巴里映画にお任せ」という注文を外部からいただき、手がけた作品もいくつかある。いずれにしても、その後世界的にブレイクするであろう存在に、先見の明を持って、当事者として手を染め、見極めることが喜びである。

そこで、再び、ココ・シャネル女史の言葉である。

「わたしは、これから起こることの側にいる人間でいたい。」

この偉大なる野次馬根性あっての仕事人生。大なり小なり良くも悪くも、「事件」の現場に遭遇したくて、私も皆さんも仕事をしてきているのではないだろうか。映画はその現場の最たるもの。

だから一度でも、この現場に居あわせた人間は、ここに必ず戻ってくるだろう。

第3章　配給に「宣伝」はなぜ必要か

――1＋1＝2が不正解な仕事

パブリシティはクリエイティブ

配給作品の数だけ、宣伝企画とその実施、成果や反響などについて紹介もできるのだけれど、それにはあまりにも紙幅に限りがある。

繰り返しになるが、配給と宣伝はカップリングされている仕事である。また、買い付けともセットになっている。配給ビジネスには避けて通れない仕事なのである。

だから、宣伝についてては、第1章、第2章でも、ずいぶん述べた。

この章では、極めてピンポイントに絞って述べていこう。

宣伝は面倒、でも、映画の製作をしたい、買い付けして配給したいというのはあり得ないことだ。その映画作品を誰にどのように観てもらい、作り手や送り手の意図に共鳴、感動、あるいは反発してもらえるのか。その反応・反響を自ら手に入れるための大仕事である。

そこにお金もついてくる。かかったコストを上回る金額が回収できなくては、ビジネスにならない。そのために宣伝する、広く知らせるために必要なのだ。

単館系、アート系と、呼ばれ方はいろいろであるが、これらの映画とハリウッド作品との宣伝の仕方は大きく違う。主演しているハリウッドの人気スターを招聘《しょうへい》して、一挙にTVの朝のバラエティ番組に枠をとってもらい数多く露出し、その映画を知らしめるという方法のようにはいかないのが、単館系洋画作品の宣伝なのだから。

言うならば、日本向けに切り口をつけて、「後付け」して付加価値を作る。手を施す面白さを苦労と思わずに楽しんでいく仕事なのだ。そのことは前にも触れた。

それを施せる作品とはテレパシーで結ばれているかのようで、そういう作品との出会いがある限り、この仕事は持続可能だと思っている。

配給会社を作ったスタート時点から、それまでの映画業界の制作物との差別化を図るような、「宣材」を作る試みに意欲が湧いた。

紙・活字のデザイン制作物を企画制作することが、もともと自分がやっていた仕事であるから、待ってましたとばかり、腕が鳴ったのはごく自然のことである。

映画のポスター、チラシにはイラストでは弱い、というそれまでの不文律にも挑戦してみた。

『ギャルソン！』は浅葉克己さんのデザインで、和田誠さんにはイヴ・モンタンのギャルソン姿をイラスト化していただいた（63ページ参照）。ポスター、チラシ、マスコミ用のプレスシートも共通のビジュアルにした。用紙にもこだわり、一冊一〇〇〇円のシックな仕上がりとなった。

昔から映画のパンフレットというものは、コレクションしている映画ファンの方の宝物。今までとちょっと違っているので、好感を持たれるのかどうか……。スターの写真が欲しいのに、ポスター、チラシ、パンフレットの表紙にスターがいない。そんな映画ファンからのお叱りがあるかどうか……。でも「変わり種」があってもいいのでは、というチャレンジ精神で試みた。

結果、劇場でずいぶんと売れた。劇場の収益にもなるのだから喜んでいただけた。「掟破り」というより「型破り」な試みは、劇場と観客からも受け入れられたようであった。

映画の場面写真も減らして、各界で活躍中のクリエイター、文化人の方々からの寄稿文を多様に掲載した。素晴らしい「批評」が寄せられ、審美眼の高さが競われるようであった。寄稿して下さった方々の名前がすでに、推奨されるべき映画の証である。

「映画評論家の仕事を減らしたのは、あなたの会社だよ」

という旧知の映画評論家からの言葉もいただいた。褒め言葉としていまだ記憶にとどめているのだが、映画業界にデビューしたばかりの巴里映画へのはなむけとして、評論をお書きになる気持ちを削《そ》いでしまったのだったら申しわけないと、今も気にかかる。

しかし、「1＋1＝2」という常識から脱却して、映画界以外の異業種ジャンルで影響力を持つ方々の推奨で、新たな映画ファンを摑めたらという試みだから、お許しを。

異業種とのコラボレーション

加えて、『ギャルソン！』のパンフレットには、この映画がフランスの食文化の話なので、注目のブラッセリー「ダイニング・テーブル」に映画のメニューを再現していただいた記事も掲載した。

以降、多くの作品公開前に、注目度の高いレストランなどとコラボして、映画に登場するメニューを公開期間限定でいただける、というプロモーション企画が定番のようになった。巴里映画はひと足早かった。

観客を増やすために、という目的で多様なツールやコラボレーションを試みることは、多くの業界人や有名人にお会いする機会が増えることでもあった。この点もこの仕事の面白さだった。配給作品のために一肌脱いで下さる方々に出会える、これぞ映画の力なり。

配給作品への支援者、良き「共犯者」をどんどん増やしていくことへの手ごたえがあった。

映画というものは、新たなコラボレーションの担い手となって下さる、秀でた方々とコンタクトをとれるツールでもあったのだ。

ポストカード・セット、記念Tシャツ、ムック本、トークイベント……等々を介してどのくらい、各界で活躍中の方々と出会えただろう。

パステル画という独特の筆致で一世を風靡《ふうび》したペーター佐藤さんには、配給作品のたびに、例えばイヴ・モンタン、ジェーン・バーキン、ブノワ・マジメルなど主演する男優や女優か、映画のワンシーンを描いていただき、それを原画としてポストカードを作り、公開劇場に記念グッズとして置いた。佐藤さんが急逝されるまで、このクリエイティブな試みは続いた。ポスター大のそれらの原画は巴里映画が買い取って、今もサロンの壁に輝いている。

凝っている、こだわっている、お金をかけている、時間をかけているという、ていねいさやゼイタクさを醸し出すことも、作品への「後付け」たる付加価値になると信じていたからだ。

そこには、「そんなにアレコレ話題作りをしないといけないのは、作品が今一つだからでしょう。作品で勝負しなさい」と言う映画評論家の方からのご意見も出た。これも一つの正論ではあるようにも思えた。

ただ、何しろ巴里映画の配給する作品は大監督の作品であったり、カンヌ映画祭などで最高賞を獲得した作品ばかりをラインナップとしていない。だからこそ、付加価値も必要なのだ。人は有名監督、有名俳優、大きな受賞をまずは信用するものだ。新人、無冠の作品が多いラインナップである場合は、付加価値をつけて魅力を際立たせなければならないと思う。そして、その付加価値作りには、クリエイティブな力が発揮できる。

そこに面白みや、やりがいを求めて、この仕事をスタートさせて進めてもきた。毎回がチャレンジなのだ。そこに、大いに魅せられてきたのだから。

盗まれるポスター

「また盗まれましたから、早くまた、新しいのを持って来て下さい。貼りますから」

恵比寿駅の駅員さんから何度電話をいただいたことだろう。業界的には異例の横型にした『TOPLESS』のポスター（99ページ参照）はデザインの良さで、駅貼りするたびに盗まれた。

パンフレットも異例の正方形300ページ

『TOPLESS』の宣材は、ポスターに留まらず、多くの新しいチャレンジを試みて作っていった。

「え、三二ページのパンフレットを三〇〇ページにするって？ それなのに予定通り1週間でだって？」と、驚くデザイナーを巻き添えにして、『TOPLESS』のパンフレットは、急遽《きゅうきょ》、異例のB5版を正方形の三〇〇ページものにした。一ページにワンカット、パラパラめくると動画のように動いて見えるページを巻頭に入れてみたりと。

35ミリフィルムのワンカットを正方形にカットする、これは大変なことである。そんなこと、監督が許可をくれるのかどうか……。

しかし、ハリー・シンクレア監督は、確かにクレイジーだった。即オーケーがもらえたのだ。このパンフレットは、書店でも平積みにしていただき販売した。

が、これらのツールが、映画の興行にどのくらいの成果を生み出すものかは、なかなか計算式では計れない。だからと言って、「1+1=2」の結果を求めても意味がない。

「人事を尽くして天命を待つ」ということが実に多い。やるだけやって結果オーライを願うことが必要だと思う。そこから学べることも多く、何事もチャレンジだと思える。映画が終わった後にも、制作物は宝物のようにして残るのだし。

コラボレーションの成果

『つめたく冷えた月』(91) のポスター、チラシのビジュアルも優れたデザインに仕上がった。チラシ・ビジュアルを活かしたコラボ・Tシャツは「盗《と》られ」なかったが、「撮られ」た。

マリテ+フランソワ・ジルボーとコラボして制作・販売していただいたTシャツを着たオシャレさんが、「anan」の表紙に撮られていたのだ。そのことを知って驚いた。こちらが仕掛けたわけではなかったからだ。

編集部が街頭でオシャレな着こなしをしている女子をキャッチし、おしゃれ度を決めるという「'94年版全国おしゃれグランプリ!」の特集号で、『つめたく冷えた月』のポスター・チラシのデザインTシャツを着こなした女子が、準グランプリに選ばれていた。映画とチラシ・ビジュアルとファッション・ブランドのコラボ企画の成果である。やはり、宣

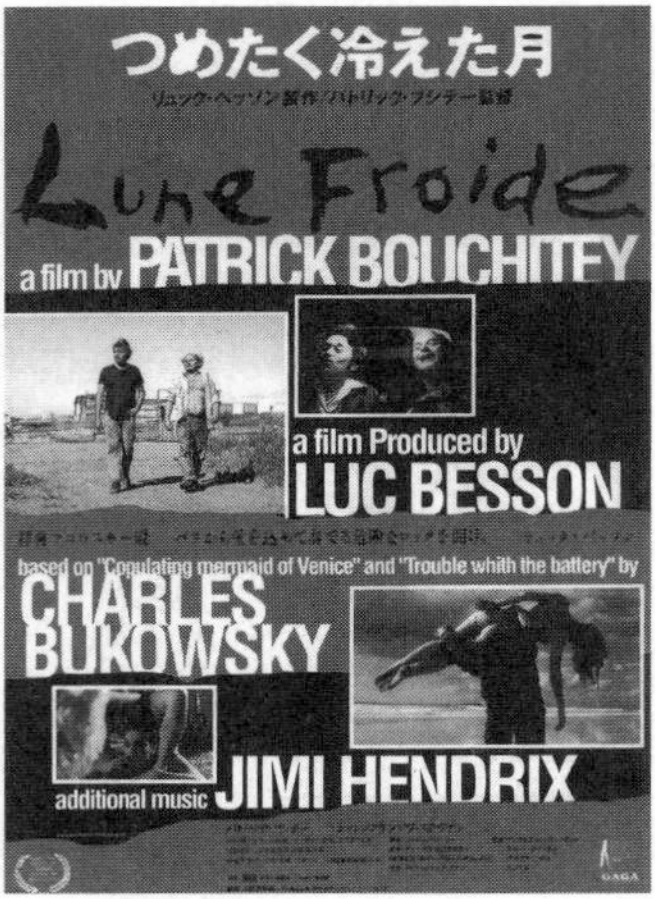

『つめたく冷えた月』
ポスター・チラシ

材のビジュアルデザインの良し悪しは、パブリシティ面において大きく影響することが明らかだ。

Tシャツは、作るだけではプロモーションにならない。それを不特定多数の人間が着て、街中に増殖してくれれば成功なのだ。さらに、このように媒体に取り上げられたら大成功。それで、初めて映画のことが広く知られるきっかけとなる。劇場動員が見込める期待は高まった。

確かに、『つめたく冷えた月』は話題を呼び、「観るべき一本」として、東京でレイト上映一館から、ムーブ・オーバーといわれる、都内の次の映画館を渡り歩くロングラン興行になった。こういったことは当初、考えてもいなかったことで、配給関係者の予想を超えたムーブメントが起きたことになる。観客になり得る、受け手側の感性を刺激し、自然発生的にブームとなったのだ。もちろん、「人事を尽くして天命を待つ」という備えの成果が得られた結果ではあったが。

　この作品は、パトリック・ブシテーという日本では知名度は低いが、フランスで人気のコメディアンの初監督作品なのだが、プロデューサーとなったのが、リュック・ベッソンというところに、日本での「商品価値」ありと見ていた。挿入曲には、ジミ・ヘンドリックス、そして、チャールズ・ブコウスキーという、アメリカのマニアックなビートニク作家の原作という多様な「売り」を孕んだフランス映画だ。

　それまで日本ではマニアに崇《あが》められてはきたが、しかし、なかなか著作は売れないという作家の原作本『町でいちばんの美女』（所収短編「人魚との交尾」）も、発行元の新潮社とのコラボ企画として、書店に平積みとなる。本もよく売れ、喜ばれた。その本の帯に映画のことを刷り込んでいただき、書店に平積みしていただけたのだから、こちらのヒットもその本のおかげでもある。

　共存共栄、良き「共犯者」の良き成果には、コラボレーションの意味や価値があるという手ごたえを感じ取れるものだ。

エディトリアルなプロモーション構築

『サム・サフィ』公開の時も、Tシャツが功を奏した。
「Olive」の表紙と巻頭特集のページを割いていただけることになったのも、Tシャツの存在が大きかった。こういうパブリシティ、お金を積んで実現できることではないのだ。あくまで、編集長の鋭い編集的判断・決断があっての結果である。

主演の女優オーレ・アッティカが、日本側からこの日仏合作作品のファッション・デザイナーとして参画することになった中野裕通さん制作の、『サム・サフィ』Tシャツを着て、マガジンハウスのスタジオで表紙撮影をする。巻頭の特集ページは、業界メイキング特集にしたい。この作品を撮っているバルセロナ・ロケなどのドキュメント写真などで構成したい。これらの条件が揃うのか、どうかを問われるものだった。読者プレゼントとしてオリジナルTシャツ一〇〇枚と試写会ご招待一〇〇人分、という対価も条件のうちで、求められた。

かぐや姫やトゥーラン・ドット姫の、実現不可能なご所望に比べたら、不可能ではない話だ。そのための、あらかじめの用意も万全であったから。エディターとしての企画構成力にも、ものをいわせる時ではないかと、力が入る。

バルセロナ・ロケで撮影のご迷惑顧みず、本来はNGである行動にもかかわらず、私は撮影中のシーンを撮りまくっていた。日本での大ヒットのため、宣伝に必要なのだとお願いしまくって。

特集のカラー見開きの記事は、私と片腕たる宣伝ウーマンと、という手前味噌ながらの対談形式で、いつものように、こちらで構成・執筆。ちなみに彼女も、元出版社の編集者であった。私同様、雑誌媒体にはその経験がものをいい、宣伝力を発揮した。ターゲットにされたら逃れられない凄《すご》腕《うで》といわれて、恐れられたくらいである。

『サム・サフィ』が表紙と巻頭特集を飾った「Olive」1992年５月18日号

Tシャツの制作を提案していたブランドもコラボ企画参入を検討中であったところ、「Olive」の表紙に載るならと、即座に決定を出して下さる。あれも、これもが一挙にパタパタと整うということには、やはり、人事と天命が大きく関係するようである。監督のカリスマ性のなせる技ではとも思ったりした。
迷いなく動いていくと門が開くということは、長年の経験から、どんな仕事についても言えることではないだろうかと思う。
ところで、宣伝企画の中でも、トークイベントのコメントやチラシのコメント、批評というものは、こちらから注文をつけられるものではない。褒め言葉ばかりでないことも多々あった。
「ホモの主人公の男が、ストレートになる話なんて最悪」(『サム・サフィ』)
「日本ならモツ煮込みのところを、フランスのメニューってなると、何でもオシャレになっちゃう」(『つめたく冷えた月』)
「パリのブラッセリーの鴨《かも》のコンフィなんて、日本で言ったらサバの煮込みなんだよ」(『ギャルソン!』)
こうしたご発言は、皆さん著名な評論家、演出家、作家のものだったりする。影響力は大きい。ただ、一見、意地悪な発言が大勢の前で露出しても、めげることはない。これらの発言もまた、宣伝の一つ。無視されるのが、一番悲しくて嫌である。

それらの発言は、当たらずとも遠からずであるから否定はできない。『サム・サフィ』だって、「四畳半もの」なのだから……。

それが、パリのアパルトマンの屋根裏部屋となると、価値は急転する。それふうのワンルーム・デザイナーズ・マンションは、日本で超人気ではないか。

劇場から35ミリの上映がなくなった

さて、ミニシアターの発展とともに、世に打ち出してきた洋画配給・宣伝の仕事であったが、時を経て映画の数は増える一方、付加価値をつけた宣伝展開も溢れて久しい。今までにないような、刺激的で斬新な話題作りとはどんなものだろうと、今、改めて考えさせられる。

ポスター、チラシ、パンフレット、来日インタビュー、著名人コメント、有名レストランとのコラボ・メニュー、トークイベント……、「お約束」ごとの宣伝展開は止まらない。宣伝拡大を期待したい媒体も、SNS系を追っていけばユーチューバー、ブロガーの一人ひとりも対象になる。影響力のある存在に協力や応援を求めるのは当然の仕事である。

しかし、2013年に日本で公開した『パリ猫ディノの夜』(10)では、新しい試みをしてみたくなった。

作品の良さをていねいに伝えていきたいと思わせられる、「パリ猫」の生き方を描いた70分の珠玉のフランス映画。世界中で公開され、話題になっていた。

近年減りつつあるパリのエスプリが全編に溢れる、いかにもフランスメイドな秀作で、私の会社との相性抜群。いつもながらの、作品を世に出して感動していただきたいという「本気」のモチベーションを喚起させられた作品であった。観客の皆さんの反応を思うとワクワクさせられた。

『パリ猫ディノの夜』
ポスター・チラシ

「こんなアニメ、どうよ」という、今までのフレンチ・アニメとも全然違うアニメをお見せするのだ。何しろ、これはフィルム・ノワールものだというのだから。初のアニメ・ノワール作品との取り組みだった。

媚《こ》びていないキャラが、最高である。猫をはじめ、登場人物の顔かたちが予定調和的な可愛《かわい》らしさとは真逆で、パッと見、憎たらしいくらいなのだが、観ているうちに愛《いと》おしくなる。不思議なタッチと色彩が秀逸で芸術的。唯一無二という印象である。35ミリフィルムの良さが全面に活かされ感動的だ。

日本公開中に亡くなられたことは忘れられないが、フランスのヌーヴェルヴァーグのミューズの一人、ヴェルナデット・ラフォンが声の出演をしていて品格も備え、とても贅沢《ぜいたく》でもある。良き時代のフィルム・ノワール作品へのオマージュとして作られているところも、実に映画的なのだ。子供は後回しでいい、大人にぜひ観ていただきたい。だから吹き替えもなし、字幕上映のみ。

「フォリマージュ」という、フランスはリヨンにあるアニメ工房の、アラン・ガニョル、ジャン＝ルー・フェリシオリという二人の監督が手がけた。お会いしたい魅力的な存在だったが、いつものように監督を日本に招いてのインタビュー記事の露出は考えなかった。

その理由は、買った後に起きた「事件」ともいえる二つの出来事が、いつもとは違う宣伝の方向性を示してくれたからだ。

その一つ目は、映画館から35ミリフィルムの映写機が消える、ということ。洋画業界のエポック的変革の真っただ中に巻き込まれることになったのだ。

現在、劇場用映画はほとんどが、35ミリフィルムからDCP（デジタル・シネマ・パッケージ）というデジタル素材での上映になっている。あっという間に劇場から数千万円もするといわれる35ミリフィルムの映写機は廃棄されていった。場所もとらず、映像もクリアな、DCP上映システムに様変わりした。

軒並み、素材をDCPに変えての上映がスタートしていた。しかし、そうか、それなら奇しくも、この作品は絶対に記念すべき最後の35ミリフィルム上映にするべきだ。それを魅力にしていこう。そのことをアピールして打ち出そう。ピンチをラッキーに変える。と、ここから一つの方向性が見えてきた。

ギリギリまだ、フィルム上映ができるというミニシアターに上映を打診した。上映時期によっては、やはりDCPにスイッチするかもしれないし、それに伴っての上映は期間限定になる可能性もあるとのこと。悩ましい。そんな折、二つ目の「事件」が訪れる。それは、朗報であったのだが。

買った後にアカデミー賞候補になる

何と『パリ猫ディノの夜』が、買い付けた後にアカデミー賞長編アニメーション部門にノミネイトされたのだ。驚きの幸運に恵まれた。宣伝には大きな力となるお墨付きだ。

件《くだん》のミニシアターの支配人からも、この作品はもっと大きな興行にすべきと勧められる。映画を愛するプロたちの心は寛容なのだ。

そう言われて仕切り直すも、35ミリ上映ができる劇場はほとんどなくなっていた。そうなったらもう、大手映画会社で、新宿のシネマコンプレックス・シアターを運営している大手映画会社にダメもとでオファーしてみるしか手はなかった。

「まだ、35ミリの映写機ありますか」

「フィルム上映の機材を置いてあるスクリーンが一つある、ある。やりましょう。ウチの会社の懐の広さの見せどころです」

真に映画を愛する方々が、この世界にはそこかしこにいらっしゃるのだ。

作品の良さの要素として、70分という上映時間だから上映回数の回転の良さがあるという。何よりアカデミー賞候補になった実力も力になった。本来はシネコン向けの作品ではあり得ないのだが、歓迎もされ、チャレンジすることに。これでまた、進む道が見えてくる。この時点でDVDメーカーも決まっていった。

ここから、この映画の宣伝の「新常識」が見えてきたのだ。

シネコンでの興行というものは、この作品以外の映画を観に来る観客が多数いて、この作品のことを知ってもらえる場を得られるということにもなる。シネコン自体が宣伝の場でもあるということになる。そこでの35ミリフィルム上映という、レアなイベント性を売りにする成果に期待した。

また、パブリシティは、今回は、「紙」より「ウェブ」で。印刷媒体の雑誌より、「アニメの猫もの、「ディノ」」の場面シーンが際立つ、ウェブ媒体を優先。ネット画面でヴィジュアルが際立ち、注目されやすい場面を多様に印象づけられる。プレスシートは簡便な紙資料にとどめ、公式サイトに多くの場面シーンを載せ、その個性的なアート性の高さで認知してもらおうと考えた。

ウェブ媒体を見てから、雑誌や新聞が動き出すという時代でもある。これはウェブ媒体の関係の皆さんが誇るところのようだが、確かにウェブ媒体の効果は高い。検索してネットの記事を見つけて、公開中という時期にもかかわらず、注目度の高い女性誌からの掲載のオファーが続いた。猫もの専門雑誌からのオファーは、もとよりであったが。

コラボレーションとしては、代々猫に助けられて今があるという、フランスの老舗の紅茶メーカー「ジャンナッツ」と組んで、紅茶製品を販売している「カルディ」のチェーン店四〇店舗で映画のポスター、チラシを展開。店舗の中で、映画作品にちなんだ紅茶の試飲サービスを実施して、映画のこともアピールしてもらう。加えて二つ折りの協賛オリジナル・チラシも作成していただき無料配布。劇場でも紅茶プレゼントとともに配布したので、劇場用パンフレットは作らなかった。残念がるお客さんは少なくなかったが、本当に懐の深い映画館の判断でもあったのだ。

トークイベントもやめにして、映画への支援が厚い、ファッション・ブランド「アニエスベー」の店舗で、場面シーンのパネル写真展を展開。主要な店舗でポスター・チラシ展示なども協賛していただけた。

あの宮崎駿監督作品『風立ちぬ』(13)で各スクリーンが朝から晩まで埋まる中、ワンスクリーンだけは、『パリ猫ディノの夜』が独占して5週間の上映を果たすことができた。

ちなみに、『風立ちぬ』と同時期公開のおかげであろうか、「チョウ・マイ・ヨミ」(朝日、毎日、読売各新聞)の公開前日の夕刊で作品紹介していただき、有力な月刊誌では、二作品一緒に紹介になるという、時の幸運にも恵まれた。

そして、80年代のこの仕事の始まりの頃にはなかった、「ツイッターの口コミ」。これが上映中引きも切らず発信された。このコメントが心あるものばかりで感動的で、それを知った劇場関係者の方々も上映継続をして下さったのだ。

「やさぐれ気味の長男。今日は微熱で学校を休み、熱が下がったら『パリ猫ディノ』を見に出掛けた。映画の趣味は褒めてやろう。」

「キズがあった。フィルム上映に感動した」

どうだろう。これは、ほんの一部である。全部をここでご紹介したいくらいなのだが、いかにも宣伝サイドが意図的に呟いたとしか思えないような、すこぶるつきのコメントが連日ツイートされたのだ。「髙野社長が知り合いに頼んでの仕掛けですか」と聞いてくる方もいたほどであった。

仕掛けと宣伝のこれから

その「仕掛け」であるが、近年は志向や価値観が多様化し、絶対的求心力で大多数の方々の気持ちを一つに牽引するということが、映画界のみならず容易くなくなってきていると思う。

言うなら、仕掛けの罠《わな》にハマったりしない層が拡大して、彼らの選択は、まるで「こだわらない」という価値観に支えられているようにも思えてならない。

あらかじめ仕組まれたような戦略に、拒否反応をするセンサーが備わっているかのようだ。無関心でさえある。手強い。

映画に限らないのだが、そこで思わぬものがヒットして、専門家は舌を巻くばかりである。

とは言え、映画を宣伝する面白さは忘れたくないものだ。だからこそ、80年代に生み出された「仕掛け方」にとらわれず、巧みな新機軸を考えたいものではある。

個人主義が強くなる一方、だからこそ「仕掛けたい」欲望を募らせて、新たな宣伝システムを確立するチャレンジングが、今こそ求められているのではないか。

80年代から始まった、単館系洋画配給に伴う、宣伝という「熱血」の仕事は、映画がある限り失われることがあってはならない。そう、願っている。

第4章　「監督」は王様である

監督と俳優、どちらになりたいか

映画を観る時、映画ファンなら、まずはスターで観る。洋画配給プロデューサーは、監督で観る。

映画作品を買い付け・配給することを仕事にしていると、世界中の監督が完成させた映画作品を、観客に届ける前に、まず観る。監督は誰なのかをまず、確かめねばならない。

映画監督は、本来は黒子である。男優・女優、つまり俳優たち、または映画スターたち、表舞台にいる彼ら・彼女らを輝かせるのが監督の仕事なのだ。しかし、どんな大スターといえども、映画監督の思うままに演技をしなくてはならない。しかも、スター的映画監督も歴代いらっしゃるのだ。大スターであろうとも、絶対的存在の監督の意のままである。

監督が手がけた映画作品は第七芸術といわれようとも、誉れ高い芸術作品として、映画界で殿堂入りになる。世に名を残すのだ。

映画監督が時代を超えて、憧れの職業とされ、なぜ大勢から羨ましがられるのか、おわかりだろう。

もし、あなたが映画の神様に、「俳優になりたいか、監督になりたいか一つ選べ。叶えてやるぞ」と言われたら、どちらを選ぶだろうか。

私なら、もちろん監督だ。

しかし、よくそんなことを臆面もなく、いい歳《とし》をしてまだ言っていられるものだ、と呆《あき》れられるばかりだ。ならば、こう、言いかえよう。「生まれ変わったら、映画監督になる」、と。

年齢的なことで諦める必要はないと思う。ベルリンオリンピック大会を撮影して、映画監督として手腕を発揮していたあのレニ・リーフェンシュタールは、70代になってから水中カメラマンとなって、100歳で、念願の海洋映画『ワンダー・アンダー・ウォーター原色の海』を2002年に世に出したではないか。

さて、それにしても競争相手は山のようにいて、その作品は世界中に溢れ、近年ではデジタルで、いやPCで、それどころかスマホで、お一人様でも映画は作れるのだから、映画監督も大量生産される。

このような大海原に、映画監督をめざして本気で飛び込む勇気はおありだろうか。躊躇して当たり前。かく言う私も、子供の頃からその願望を抱き続けたままだ。

有名になりたいから映画監督になる、と思ってそうなった監督などそうはいないだろう。皆、自分が世の中に伝えたいメッセージやアイデンティティがあり、それを作品に込めることに本気で取り組んできたはずだ。

また、経験を重ねている監督は、次回作を観たいと待っている観客の顔を思い浮かべたら、躍起になることだろう。

言うならば、映画監督とは持続可能な職業の仕事だ。

そこには自由があり、束縛されるようなことがあってはならないのだ。そういう仕事だからこそ、できることなら映画監督になりたい、と思わせられるものだろう。

映画監督は、誰かに言われてなる仕事ではなく、自分でなりたければ、なればいい。映画を作ればもう、映画監督なのだから。

一方、俳優は頭角を現せないと、なかなか役が回ってこない仕事だ。監督業に比べると、受け身の仕事である。なぜなら、撮影の間も監督に支配されているではないか。

だから、絶対に監督が良い。自由の旗手である。

一度その世界に入り、評価されたら、やみつきになることだろう。繰り返すが、生み出した作品は、永遠に世に残るのだから。

虎は死して皮を残すように、映画監督は亡くなった後も、作品を世に残すのである。だから、偉大であると思う。

監督になりたいからという願望が、形はどうあれ私が映画の仕事に関わり続けているエネルギーの源のようである。

そして、そのような尊敬すべき職業の映画監督には、大物、新人を問わず、連載でインタビュー記事にしている。実に多くの映画監督の方々にお会いいただいてきた。気づけば、その人数も半端ではない。

これほど憧れられ、なりたいと願望される監督に、すでになっている方々は、なぜこの仕事に執着するのだろうか。

私自身がいまだに監督の経験がないからこそ、その理由を直接、彼ら・彼女らに多くの取材を通じて話を聞いていきたいのだ。ここでは、これまでの話から垣間《かいま》見えた監督という仕事について綴ってみたい。

映画監督は持続可能な職業か

「私は映画を作るとき努力をした、という感じが全くしていません。ただただ喜びがあるだけです。それは休暇にいるのと同じなんです。生涯ずっとヴァカンスの時を過ごしてきました。これからもそうしてヴァカンスの中で、私は亡くなると思います」

そう語ったのは、フランスの長老の映画監督、クロード・ルルーシュである。

１９６６年、カンヌ映画祭の当時の最高賞であったグランプリ（現在の最高賞はパルムドールで、グランプリは次点にあたる）に輝いた、『男と女』（66）の監督として伝説的存在だ。

当時日本でも、憧れの男と女の恋の形として大きな影響力をもたらした。いい男、いい女、そして絶対必要なのは、車とスピード。ジャン＝ルイ・トランティニャン演じるカーレーサーという職業も、命知らずゆえ男の中の男の仕事と憧れられたものだ。スクリーンの中で輝いたアヌーク・エーメは、フランス女性のエスプリを持つ女優として崇められたほど。

現在83歳となった監督が80代を迎えるも、何とこの作品の第三弾を完成させるという「偉業」を成し遂げた。同じ監督、キャストで『男と女　人生最良の日々』（19）が誕生すると誰が予測しただろう。奇跡の映画と言っても過言ではない。映画の中でモノクロームの第一作の映像がフラッシュバックするたび、私は涙を抑えることができなかった。

「そういえば、あの頃の私を夢中にしたあの人、今どうしているかしら？」などと、普段、忘れかけている自分を見つめ直す時間を与えてくれた。これぞ映画の力というもの。

映画と監督が、いかに不滅であるか、この映画監督は証明して下さった。

「愛を持って何かをする時、その何かはとても簡単にできるものなんですよ。幸運なことに82年間、私は映画に恋をし、人生に恋をし、この二つを愛し続けてきました。この二重のラブストーリーのおかげで、私の50本の映画はできたんだと思います」

ルルーシュ監督のこれらの言葉は、拙連載に至宝のように残すことができた。

ルルーシュ監督に引き寄せられた、現在90歳となったジャン＝ルイ・トランティニャンは、車椅子の姿で演技をした。また、現在88歳にしていまだ美貌のアヌーク・エーメは、老いを感じさせない生命力に溢れ、観る者を勇気づける。何歳であろうと、「王様」の膝元に駆けつける男優、女優。その関係性は、羨ましくも眩しいほど。

二人を起用できたことは、映画監督の実力と運の強さでもあるが、映画監督の存在と力は、やっぱり絶大だった。

映画監督のミューズたち

女性を描かせたらフランス映画界にこの人ありといわれる、凄腕のブノワ・ジャコ監督。

いかにして女優を思うように演じさせるのかを伺ったことがあった。10年近く連載を続けたマガジンハウスのウェブ媒体での、『マリー・アントワネットに別れをつげて』(12)公開前のインタビューだった。

マリー・アントワネットをダイアン・クルーガーが演じ、レア・セドゥが王妃の朗読係で主演した作品だ。監督は、セドゥの魅力が今までの作品で引き出されていないと感じていた。それで、彼女を起用してみたいと思ったと言う。

ジャコ監督は、12、13歳から映画監督になりたくて、世界的ベストセラー作家で映画監督のマルグリット・デュラスの助監督となり、映画を撮るようになった。

年齢差のある若い男性との恋や、奔放な生き方で知られる60代のデュラスに出会った当時のジャコが20歳だったというから、興味深い。

芸術的な面より、個人的な生き方から受けた影響が大きく、デュラスの映画作りは「超ジャンル」と呼ばれ、カンヌ映画祭でも多くの芸術家たちを圧倒した。その自由さに憧れたと言うジャコ監督は、ヴィルジニー・ルドワイヤン主演『シングル・ガール』(95)、イザベル・アジャーニ主演『イザベル・アジャーニの惑い』(02)、イジルド・ル・ベスコ主演『肉体の森』(10)など、フランスを代表する存在となった女優たちを起用して、女性の持つ赤裸々な側面を最高レベルにまで引き上げ、観る者を魅了してきた。どうしたら、あれほど自然で美しい裸体を見せつける演技を、アジャーニやベスコにさせることができるのか。

「いやいや、ボンジュールっていうくらい、シンプルだよ」

と冗談めかしてはぐらかすジャコ監督。

だが、女優が自分の思い描いた通りに演技するだけでは、失敗にすぎない。期待以上の演技をすることが女優としての必要不可欠の最低条件であるとも言う。

私的なミューズに関する質問をすると、「作品の数だけミューズが増えていくのだったら、今はもう、ハーレム状態だね（笑）」と、ユーモアでかわす。映画を作る時には、自分が好意を感じる女性を起用するのは当たり前。彼女たちからピンと来るものを感じて、主演女優を選んでいると答える。

「とうとう、セドゥも監督のミューズになっちゃったんですね」と、私が探るような質問をすると、「レア・セドゥは違うよ。ヴィルジニーはそうかもしれないな」とあっさり。

『マリー・アントワネットに別れをつげて』には、ヴィルジニー・ルドワイヤンを、絶世の美女と誉れ高いアントワネットのお気に入りの、ポリニャック伯爵夫人役で出演させているのには、恐れ入りました。

恋愛を国家的文化とするフランスの監督の堂々たる発言が、その場を圧した。

ミューズがいないと映画が撮れない

ミューズといえば思い出すのは、日本でも熱狂的なファンからの支持を集めていたジャン＝ジャック・ベネックス監督のことだ。

『ディーヴァ』（81）でフランスのセザール賞の新人作品賞、撮影賞、音楽賞、録音賞の四部門を受賞し、フランス映画界の寵児となった。

80年代から90年代を牽引するフランス映画のスター的監督として、日本のミニシアター・ブームの中で絶大な人気を集めていたカリスマである。

リュック・ベッソン、レオス・カラックスとともにフランス映画御三家と讃《たた》えられた。

ベッソン監督が、大型でエンタテインメント性が高い作品を手がけるようになっていく一方で、ベネックス監督はアンニュイで自滅的、暴力的なエスプリを効かせた独特の美意識で魅了する。まさにミニシアターにふさわしい、フランス映画の作り手であった。

『ベティ・ブルー　愛と激情の日々』（86）は爆発的なヒットになり、アカデミー賞外国語映画部門でフランス映画代表としてノミネイトされ、受賞。世界的に注目を集めるまでになった。

その後の『ロザリンとライオン』(89)は大ヒットには至らなかったが、独特な世界観はベネックス監督ならではで、私は気に入っている。

主人公として描かれる女性像には共通する魅力があり、主演女優はベネックス好みのコケティッシュさを持ち合わせている。彼女たちのために映画が生み出されるのだ。または、ベネックス監督の作品を輝かせるための「生け贄《にえ》」のような聖なる存在。それでこそミューズと呼べる、ベネックス映画のアイコンとなるべき女優たちである。ベアトリス・ダルも、イザベル・パスコも、ベネックス監督でないと、彼女たちの魅力は引き出されなかったように思う。彼と、彼のミューズとの関係性が唯一無二の作品を生み出していくのだ。

ところが、次に手がけた『IP5　愛を探す旅人たち』(92)には、彼のミューズは存在しない。不運なことには、主演したイヴ・モンタンが映画完成後に急死したことで、過酷な演出ではなかったかと問われることにもなってしまう。

このあたりから、ベネックス監督は急激に力を失っていった。

もったいないという気持ちをいまだに持ち続けているファンも多く、絶対に復帰するに違いないと、今も期待を失わないでいるのは私だけではないはずだ。

2016年には、東京国際映画祭の審査委員長も務めたが、最新作のことを多くのマスコミから尋ねられたはずである。

そのベネックス監督には過去に直接、新作について伺う機会があった。公式な場ではなかったが、気軽なお喋《しゃべ》りの中で、「僕が映画を作るには、ミューズがいないとダメなんだよ」と言う。

ジャン＝リュック・ゴダール監督と女優アンナ・カリーナの例にもあるように、良き映画は公私をともにするミューズがいなくては成り立たないのか。

しかし、ミューズを輝かせるための監督は、ゴダールにせよ、ベネックスにせよ、実は王様よろしく、実際はミューズの僕《しもべ》にされた挙げ句、捨てられることもあるのだ。

「ミューズがいれば、映画ができるなら、見つけるしかないですね？」と、私が励ますと、「そう簡単じゃないよ」と、苦笑いしていた。

監督がモテ続けるのも大変なことなのだ。

脳梗塞で、唯一動かすことができる左目のまぶたの瞬き20万回で綴ったという、ファッション誌「ELLE」編集長の小説の映画化作品、ジュリアン・シュナーベル監督の『潜水服は蝶《ちょう》の夢を見る』（07）は、日本でも大ヒットとなった。この実在の人物を、ドキュメンタリー作品『潜水服と蝶』（97）として、その10年も前に取り上げたのがベネックス監督。日本のオタクを題材にしたドキュメンタリー作品『おたく』（94）も撮っている。

ミューズからは、確かに遠く離れてしまった作品ではある。

日本贔屓《びいき》であったからか、私には大江健三郎の『性的人間』を映画にしてみたいと言っていた。「電車で痴漢」という危うい行為に及ぶ男の話である。いかにも彼好みの作品かもしれないが、それこそ主人公の妻役は誰になるのだろうと思ったものだ。まずは、ミューズ探しだ。見つかったら、スタートできるかもしれない。いまだ実現していないまま、歳月は流れている。ミューズは見つからないままのようである。

女優と監督の愛の形

ミューズを際立たせて映画に愛を刻んだフランスの監督は、枚挙に遑《いとま》がない。

先のゴダールとアンナ・カリーナのように、ロジェ・バディム監督とブリジット・バルドーの絆も伝説的である。小悪魔的女優とされるバルドーの、後に続くのが、ジェーン・バーキンであろうか。

バーキンのファム・ファタル的魅力は、実生活でも顕著で、彼女の母国である英国の作曲家ジョン・バリーから始まり、フランスに渡ってからは伝説的ミュージシャン、セルジュ・ゲンズブール、そして、映画監督のジャック・ドワイヨンを、次々伴侶とする底知れないものがある。

ゲンズブールとはシャルロット・ゲンズブールを、ドワイヨン監督とはルー・ドワイヨンをというふうに、もうけた娘たちは女優やマルチ・アーティストとして活躍中である。ただ、バリーとの間にもうけた写真家のケイト・バリーが、すでに亡くなってしまったことは誠に残念なことである。

ジェーン・バーキンとはインタビューでお目にかかっている。女優として、映画について、また一人の女性としての生き方をお話しいただいた。しかし、彼女の私生活について深く伺うには至らなかった。

バーキンのために作ったと思える、ドワイヨン監督の衝撃的作品『ラ・ピラート』(84)はカンヌ映画祭のコンペティション部門にノミネイトされ、そのインモラルな内容で物議をかもした。しかし、フランス国内のアカデミー賞にあたるセザール賞は、彼女を主演女優賞候補へと導いた。

ドワイヨンとバーキンのタッグは、確実に優れた映画作りのための化学反応を起こしたのだ。

うって変わって、50代に入ったドワイヨン監督が世に打ち出した『ポネット』(96)は、母を亡くした幼い少女が主人公の映画だった。過激な作品作りはどこに行ったのかと思うばかりであったが、子役として主演した女優ヴィクトワール・ティヴィソルが最年少でヴェネチア国際映画祭の主演女優賞を受賞したことも話題となった。日本では観客がリピートして鑑賞し、ロングランヒットしたことは今も記憶に新しい。

そして、当然のこと、そこにはもう、監督のミューズとしてのバーキンの姿はなかったのである。

『ロダン　カミーユと永遠のアトリエ』(17)の日本での公開を控えたジャック・ドワイヨン監督に、インタビューする機会に恵まれた。ロダンとカミーユ・クローデルの師弟愛について伺いながら、かつての妻であり、彼の作品のミューズであったバーキンとのことを、監督の口からお話を伺えるような気がしていた。

唐突に、過去の私生活を伺うつもりはない。バーキンは、『Boxes』(06)という主演・監督作品を試みている。ドワイヨン監督から、映画を撮ることの影響を受けているのなら、また、女優としてどうあるべきかなどについて、彼女の「師匠」はドワイヨンであっても不思議ではないのだから。

二人の間には、ロダンとクロデールのような「師弟愛」的なものはなかったのだろうかを探った。ドワイヨン監督は言った。

「私と一緒にいた当時から、彼女はすでに有名でした。街でサインを求められるのは彼女。（テレビにも出ないから）私は知られていない存在でした。彼女は映画作家としての私の弟子ではありません。言うなら、三本作った私の作品で、彼女にドラマチックで悲劇的な役をさせ、それがきっかけとなり、ジャン＝リュック・ゴダールやジャック・リヴェット監督などの映画に彼女が出演するようになっていったという点では、私の功績はあるかもしれませんけれど……別れた後、お互い別のところに住み、別の人と恋愛をし、何につけ関係がなくなりましたが、重要なことは私の愛すべき大切な子供を、彼女が作ってくれたということ」

私はすかさず、監督に尋ねた。

「では、その愛を何と呼ぶべきでしょうか？」と。

「（呼び名はないが）私たちの恋愛を測ることができたなら、それはいつもとても強く、熱烈なものでした。ですが、それほどの強さをもってしても、別れは避けられませんでした」

大人の男と女、監督と女優という関係について、こんなリアルな想いを聞かせていただいたことに、胸が熱くなった。

ミューズにならない女優

娘のルー・ドワイヨンを主演させた『アナタの子供』（12／映画祭上映）については、ルー自身にインタビューをする機会に恵まれた。娘として父親の映画のミューズになるということは、いかがなものなのか……。

「エロチックなシーンがたくさんあったんです。で、女優という女優にオファーして、なんと全員から断られた。それで困り果てて、自分の娘に白羽の矢を立てたんです。もっとも、私は以前から、なぜ実の娘の私に一度もオファーがないんだろうと不満でしたから、喜んで受けました」

離婚したが、子供のためにも縒《よ》りを戻すべきか、再婚相手もいる中での「二股恋愛」がテーマの作品。父ジャックや母ジェーンの、恋多き人生の心境も滲んでいるように思えてならなかった。

離婚後の元夫と、再婚した夫、両方と愛を交わすことはインモラルなことなのか。男と女のなかなかに危うい感情。ドワイヨン監督らしい作品であった。

過去に遡れば、ブリジット・バルドーもマリリン・モンローも、別れた夫や恋人に再婚のことを報告しアドバイスを求めている事実がある。そういったことを、拙著にもことあるごとに記述してきた。芸術の担い手の生き方や恋愛に対しての価値観や常識に、垣根はなさそうであると。

きわどいシーンの撮影も、その場ではもう父親ではなく監督で、パパではなく「ジャック」と呼んで進めていた、とルーは語ってくれた。

このインタビュー記事は、彼女が語った心境から鑑みて、「私は誰のミューズにもなれない」ということを標榜し、「ミューズと言うよりも……むしろゲンズブールのようになっていく。」というタイトルで連載記事となる。彼女の「ミューズ論」でもある。

ルー自身は、映画のミューズ以前に、元夫である一人の男のミューズにもなれない女。誰かに気に入られてミューズになるような女にはなれないし、なれなくたっていい。むしろ、自分の母親の元夫であったシャルル・ゲンズブールのような生き方に憧れていると明かしてくれた。

芸術に生きる時、その生き方に正解などどこにもないことを痛感させられた。謙虚で潔くて、カッコイイ。

ミューズが映画監督になる時

女性の監督は男性に比べると、まだまだ少ない。

あのリュック・ベッソン監督の薫陶を受けて監督になったのが、彼の二度目の妻であったマイウェンこと、マイウェン・ル・ベスコである。

「監督をすることの三大ポイントを、別れた後でも親切に教えてくれました。良いシナリオを書け、良いプロデューサーを見つけろ、そして自分で出資しないことだってね」

別れた元夫のベッソン監督に映画の作り方の手ほどきをしてもらったことを明かす。

「SCREEN ONLINE」での連載、「髙野てるみの『シネマという生き方』」の一回目にして、刺激的でリアルな話を引き出せたことを嬉しく憶《おぼ》えている。

カンヌ映画祭で、主演のエマニュエル・ベルコがみごと最優秀主演女優賞を獲得する快挙となった『モン・ロワ　愛を巡るそれぞれの理由』(15)の日本での公開前にお目にかかった。監督作品四作目となる映画である。主演男優にはヴァンサン・カセルを起用、身勝手だが愛に熱狂的で、女性の母性本能をかき乱す男を演じさせた。まさしくベスト・キャスティング。

子役時代を経て、フランス映画界で女優として活躍していたマイウェン。ベッソン監督と別れた後に自らも監督としても活躍する。『パリ警視庁：未成年保護特別部隊』(11)は、カンヌ映画祭審査員賞を獲得。セザール賞では作品賞、監督賞、オリジナル脚本賞にノミネイトされた。フランスを代表する監督として、堂々たるカンヌの殿堂入りを果たしている。

ベッソン監督といえば、前述のように、ジャン゠ジャック・ベネックス、レオス・カラックスとともに80年代に頭角を現し、フランス映画界を牽引する実力者となり、現在、日本でも根強い支持を誇る大物のフランス映画監督だ。アメリカ進出も果たし、次世代の監督への製作支援を惜しまず、製作・脚本・監督作品の多くを世に打ち出しているカリスマ的存在である。

上映されるや日本で爆発的大ヒット作品となった『レオン』(94)の幅広い影響力たるや絶大で、伝説的フランス映画の一本となっている。それまではまだ日本では知る人ぞ知る存在であったジャン・レノを、一躍スターダムに押し上げた。レノの日本での人気は並々ならぬものがあり、CFにもたびたび起用されるほどになった。

2001年には、「LEON」というタイトルの男性誌まで発売され、「ちょいワルオヤジ」旋風が巻き起こる。次いで同出版社は、ベッソン監督のヒット作『ニキータ』(90)を、「NIKITA」のタイトルで、女性誌として出版するという勢いであった。日本ではベッソン監督は「ブランド化」された映画監督となったのだ。

映画を撮るのはリベンジか

そんなベッソン監督と結婚したマイウェンは、彼の女優であり、二度目の妻であり、正真正銘のミューズであった。

『レオン』『フィフス・エレメント』(97)での出演には、夫としての愛が注がれている。そんな彼から離れて、映画監督にチャレンジすること。それは、彼への挑戦のようにも受け取れる。別れた後も、彼女が映画監督をめざすと言えば、アドバイスを辞さなかったというベッソン監督は、あくまで優しい。

しかし、マイウェンは小悪魔のように、こう言う。

「だけどね、言われたことの真逆なことをして作ってしまったわ。彼、観て褒めてくれたけど」

ベッソン監督の最初の妻は、女優のアンヌ・パリローで、彼女を起用したのが、件の『ニキータ』。鮮烈な女スナイパーを演じさせ、パリローの魅力を前面に押し出した作品で、大ブームを起こした『レオン』に続き、観る者を圧倒した。

次なるミューズがマイウェンで、公私ともに新たなミューズとなった彼女に『レオン』に出演させ、『フィフス・エレメント』でディーヴァ役を演じさせる。

ところが、『フィフス・エレメント』では、すでに主演女優として起用したミラ・ジョヴォヴィッチを、次なるミューズとして見出してしまっていたベッソン監督。

マイウェンにとっては、あまりに過酷ないきさつではないだろうか。人気監督の妻であるというのは、このようにハードな局面を迎えるものなのか。

『フィフス・エレメント』公開後、ジョヴォヴィッチは「第三の妻」となる。ベッソン監督はまさに映画とミューズを公私分かつことなく、まるで良き「共犯者」のように伴って人生を歩む男なのである。

これを、王様のなせる業というべきか、モテ男というべきか……。気に入る女を所望して娶《めと》る。けれど、暴君であれば、歴代のミューズが逃げ出すことにもなろう。そう思えてならない。

マイウェン監督の四作目となる映画作品に描かれ、カセルが演じた男性像は、間違いなくベッソン監督自身だと思えた。

『モン・ロワ　愛を巡るそれぞれの理由』の主人公の男は、山っ気が強くて、押し出しがあり、女性に手が早く、破滅的な面がある。しかし、その危険性も魅力の一つであるかのような男として描かれる。

「モン・ロワ」の意味はといえば、「私の王様」だという。

来た、来た、やっぱりこの映画は、まさかの「元旦那様」のことに違いない。

しかし、その期待は、即座に裏切られた。

モデルとなったのは、ベッソン監督と別れた後の恋愛と結婚体験だと彼女は言う。しかも、実体験を描き、男を批判したり、女を被害者として啓発するために映画を作ったわけではないとも。普遍的な男と女の切り離せない愛と絆、エロス、そしてエゴイズムがテーマであるのだと。ベッソン監督に「リベンジする」ための映画などではないと言うのだ。

褒められなくなったら一人前

いみじくも、カンヌ映画祭でグランプリを獲得するほどの実力を手にした「映画監督」は、元夫へのリベンジなんて考えてもいないのだ。余裕である。

しかも、興味深いのは、ベッソン監督が彼女の作品を褒めなくなったこと。皮肉なことに、これが確たる自信と確信を彼女にもたらしたのだとも言う。

「男の嫉妬ってやつね。映画監督という仕事は男の世界だから、女で、しかも独学の監督が作る作品には風当たりが強くて当然。なんだかんだ悪く言われるようになってこそ、一人前なのかもしれない」

親切に教えていた頃は、まだ彼女が未熟だったから。自分の競争相手になるわけがないという「上から目線」の余裕があったから。それが親切で優しさにも思えた。しかし、腕前を上げ、本気で映画に向きあう彼女の姿勢と実力を感じ取った元夫は、褒めることをしなくなったというわけである。ザワザワするような話だ。

代わって褒めてくれたのは、彼との間にできた娘だったと、彼女は微笑《ほほえ》んだ。

彼女はもう、王様の座に座ってる。

それでも、自分がまだ若く、ベッソン監督に憧れて恋をして結ばれた、その時代を懐かしく思い出すと言うマイウェン監督。いい話、いい女ではないか。

腑に落ちるこのリアルで、ちょっと切ない言葉から、マイウェン監督の大成長が見てとれた。

第五〇回カンヌ映画祭でオープニングの特別上映作品となった『フィフス・エレメント』は、私もカンヌ映画祭の会場に着くなり慌てて正装して観た記憶がある。

そこから20年以上も経った今、彼女自身から当時の想い、そして監督となって飛躍した弾む気持ちを、こんなふうに直接リアルに聞けることは私にとって至福である。そのような機会をいただき、映画の仕事をしている者として、冥利に尽きるものとなった。

本物の映画監督とは

このように一人の女性、あるいは一人の人間の人生を左右させる力を持つことにもなる映画監督という仕事、そして生き方。

リュック・ベッソン監督の存在が、新たな監督を生み出し、その監督は必然的にライバルになる。この「細胞分裂」は、愛の「窯変」といえそうだ。

インタビューを終えて記事にして、その後気づくことはいろいろあるのだが、特にベッソン監督については、今また考えさせられる。

「嫉妬」というものは、「愛」とカップリングしているものではないかと。

「褒められなくなったら、一人前」と、マイウェン監督は言った。

ベッソン監督がマイウェン監督を褒めなくなったのは、それも愛。彼は、やっぱり彼女を成長させたといってよいのではないかと、ひしひしと感じられてならない。

映画監督の仕事は映画を撮ることなのだが、いわゆる技術的に映像を撮ることで済まされはしない。

ベッソン監督にはアンヌ・パリロー、マイウェン、ミラ・ジョヴォヴィッチを映画で輝かせ、その後自らの作品以外でも、彼女たちを飛躍させ、さらに花開かせる人生に導くという、宿命的役割があったと思えてならないのだ。ドワイヨン監督も言っていたように、関わる者を次なる高みへと誘うことは、愛なのだ。同時に、そこには、「映画愛」もあってのことだろう。

これはもう、映画監督には、その責任と義務があると言ってもよいのではないか。優れた映画を観続けると、このようなこともひしひしと感じられ、映画監督への尊敬の想いが、ますます胸を打つのである。

そう感じさせてこそ、本物の映画監督なのではないだろうか。

そして、我が敬愛する王様たる映画監督たちも、生み出した作品が配給されて劇場にかからなくては人々の眼に留まらないのだ。だから、この配給の仕事は、王様たちにも一目置いてもらえていると言えそうで、少しばかり胸を張ってみたりする。

第5章　王様に逆らう「女優」と媚びない「俳優」

映画の立て役者

映画監督が王様だ、監督がいなくては映画は生まれないのだから、と自論を述べてきてはみたが、やっぱり映画の立て役者がいなくては、映画にならない。

素敵なブティックを始めます、と気炎を上げても、品揃《しなぞろ》えがない店に誰が行こうというのだ。観客の皆さんからしたら、監督はともかく、プロデューサー、ましてや配給プロデューサーなんてどうだっていい。「良い品揃え」を求め、お目当ての、ご贔屓の、スターたちを楽しみに映画館へと足を運ぶだろう。

長い時間、同じ姿勢でスクリーンを凝視する「苦痛」を、苦痛とも思わず「快楽」に変えてくれるのが俳優の力なのだから。

私は日頃から、良い映画は、良い主演の俳優が一人いたら退屈しないで観ることができるものだと感じている。映画の中に生かされた良い俳優の顔だけ見ていれば、2時間だってあっという間である。

洋画の配給の仕事を通して、俳優の方々と接する機会は幾度もあった。インタビューで、じっくりその生き方を伺った経験もある。

国内外の俳優志望の若手の方々からの相談を受けたこともある。俳優とはどのような仕事で、どのような人生なのか、それについて著作にまとめてみたこともある。ブリジット・バルドーとマリリン・モンローの劇的な生き方を言葉集にして上梓《じょうし》した。

女優、男優、俳優、役者、演者、スターたちがどうして俳優という道を選ぶのか、その心境や精神に共通したものがあることを知り得たように思う。ここでは、ほんのわずかなのだが記しておきたい。

ブノワ・マジメルはなぜサムライを演じたいか

フランスの男優、ブノワ・マジメル。スター的俳優といってよいと思う。その「美しさ」は多くのファンの心を捉えている。

フランスを代表する大物女優ジュリエット・ビノシュも彼に心を奪われた一人であった。彼女と結婚して「逆玉《たま》の輿《こし》」と騒がれ、子供をもうけたことは、ファンならずとも知っているだろう。

私もマジメルの大ファンで、というより断然好みの男優だ。品の良い色気と凛《りん》とした美しさが光る。彼のデビュー作であるエティエンヌ・シャティリエ監督作品『人生は長く静かな河』（88）を、私の会社で配給している。しかし、当時は、まだ10代であった彼が、その後の俳優としての人生をここまで開花させるとは予想できなかった。『人生は長く静かな河』は、「金持ち」と「貧乏人」のそれぞれの家庭に生まれた赤ん坊の取り違え事件のお話で、軽妙なタッチのフレンチ・コメディである。

『人生は長く静かな河』ポスター・チラシ

　彼の演技の上手さには目を見張ったが、彼には生まれ持った「品」があった。演じる主人公モモはブルジョワの家に生まれながら、取り違えられて貧困家庭で育つことになる。ところがそこは温かい人間味のある家庭でもあった。取り澄ましたブルジョワ家庭とは違っていた。どちらの家庭が人にとって幸せな場所なのだろう……。監督はブルジョワ批判を込めて作品作りをしたのだ。

　そんな中、ブノワ少年が貧困家庭で暮らすさまざまなシーンにおいて、大きな説得力を発揮していくのが、自発的に醸し出されていく「ノーブルさ」や「美しさ」だ。演技以前の生まれついて持っている、俳優としての天分を感じさせた。

だからこそ、貧乏な家庭の中にいて「掃き溜《だ》めの鶴」というような、彼の浮いているその姿、所作があって、監督は意図する「金持ちvs.貧乏」を描くことに成功したのだ。ベスト・キャストであったわけである。作品はパリで半年ものロングランヒットとなった。

彼が来日した折、私の会社が日本でも話題作となった、この〝ジンナガ〟を配給したことを告げると、「僕の日本のお母さん」だと言ってディープなハグをしてくれた。その胸板の厚さはいまだに身体が憶えていて、宝物となっている。この仕事をする自分へのご褒美だと、今も私の記憶の中で永久保存ものとなっている。

彼がその後、フィルム・ノワールなどに出演すべき男優となったのも、この美しさあっての逸材であるからという必然性を感じる。

かつてアラン・ドロンがジャン・ギャバンと組んで、多くのフィルム・ノワールものに出たように、「悪徳」が絡む世界には善玉、悪玉どちらを演じようとも、スクリーンにはゾクゾクするくらい美しい俳優がいないと絵にならないのだ。ワルがワルい顔ばかりで描かれていても面白くもなんともない。

日本で該当する男優さんはどなたであろうかといったら、かつて『悪名』(61)とか『白い巨塔』(66)で、「ワル」「悪徳」を演じた田宮二郎のような美しさを想起する。

フランスだと、『赤と黒』(54)、『危険な関係』(59)などの邪悪な魂を演じた、ジェラール・フィリップの美しさにも似ている。

美しきブノワ・マジメル。彼を贔屓にする「隠れファンたち」が幅広く、また、息長くいる。そんな自負が渋みとなって加わってきたのではないかと、彼から感じられてならない。

「日本映画でサムライを演じることをしてみたい。そんな作品ないですか、なかったら、あなたがプロデュースできませんか」

と、マジメルはあいさつ代わりという感じで言った。数日後、彼のエージェントからメールが入り、彼の本気が伝わってきたので少し慌てた。

日本の武士道の美意識を知っているのなら、さぞかし美しい姿を演じることだろう。彼の気持ちを叶えてあげたいものだ。

その後、彼は江戸川乱歩原作の、『陰獣』(08)というフランス映画に主演し、日本での撮影を経験することができたことは大満足だったに違いない。

王様に媚びなかった二人の女優、モンローとベベ

「もしも監督から〝もうお前は必要ない〟と言われていたら辞めていたと思います」

アラン・ドロンほどの名優でも、ドキュメンタリー、NHKBSプレミアム『アラン・ドロン　ラストメッセージ～映画　人生　そして孤独～』（2018年9月22日放送）からは、そんな意外な言葉が漏れ出た。

彼は言われた通りに役を生きることが自分の職業であると言う。そうすることが、俳優としての持続可能を約束づけるものだとしたら、監督という存在はやはり、権力を手にした王様のスタンスであることは間違いない。

それでも、その命令を聞かなかった女優たちがいる。

一人はハリウッドの伝説的女優として知られるマリリン・モンロー。もう一人は、前述した、フランスのモンローともいわれたブリジット・バルドー。彼女たちもまた、60年代のアイコンとして世界的に知られる存在だ。

この二人は役を演じる、生きるというより、彼女たちの生き方そのものが次々と映画作

品となったと言っても過言ではない。映画とともに歩んだ生き方を見せつけたことで、時代を超えて伝説となって知られている存在だ。

モンローは、例えばビリー・ワイルダー監督『七年目の浮気』(55)、バルドーはセルジュ・ブールギニョン監督作品『セシルの歓《よろこ》び』(67)で、実人生をそのままスクリーンで魅せるかのような作品が多い。他の女優では成り立たなかった映画だ。

その中でスターダムを築いた頃、モンローはスターとして輝くだけでは満足できず、演技というものを学び直して「本物の女優」となることをめざした。自ら映画製作会社を作り、自分が演じたい女性像を主人公にした作品に果敢に取り組んだ。

その一作目となる『王子と踊子』(57)に英国の名優で監督でもある、ローレンス・オリヴィエを起用する。彼に製作までも承諾させてしまう。彼女のこのような映画への取り組みは意外に知られていない。男性に頼ってか弱く、映画人生を進んだと思われがちなので、私はそういう彼女の側面を少しでも広く伝えたくて、「強いモンロー」のことを拙著『マリリン・モンロー 魅せる女の言葉』にまとめた。

自らの製作作品でもあるからか、モンローはオリヴィエ監督からの注文に素直に従わなかった。

「私はセクシーに演じることなんてないのよ、はじめからセクシーなんだもの。」

この映画はもともと監督の妻、ヴィヴィアン・リーが舞台で演じた作品の映画化であるため、ついリーのような色気が足りない、もっとセクシーにという注文が監督から飛び出た時の素直な反応だったのだ。


続いては、バルドーのこと。

ジャン゠リュック・ゴダール監督が、スター女優のブリジット・バルドーを起用して撮った『軽蔑』(63)は、彼女自身が望むと望まないにかかわらず、アイドル的作品から遠く離れた芸術的名作とされる映画だ。原作がアルベルト・モラヴィアというイタリアの大作家だけに、文学作品をゴダールが手がけたことでも注目された。

しかし、この作品が高く評価されようともバルドーは喜ばなかった。映画作品の相手役と恋に落ちることが「お約束」であるかのような彼女にとっては、共演したジャック・パランスのような、彼女曰《いわ》く「猿のような顔」の男では面白くないというのが理由だった。こんな小悪魔的発言は憎めないのだが。

そのうえで、元妻でゴダールの作品のミューズであったアンナ・カリーナのような歩き

方ではないと、ダメだしを繰り返されたところ、

「アンナ・カリーナを迎えに行ったらいいでしょう」。

バルドーが啖呵《たんか》を切った。あまりにみごとなので拙著『ブリジット・バルドー　女を極める60の言葉』にも、この言葉を選んで載せた。ゴダール監督にとどまらず、撮影のたびに、ありのままの自分を見せればいい、演じる必要はない、「女優にとって、命令されて泣いたり笑ったりすることほど、難しいことはない。」などと言い、撮影に臨んでいた。

そんなバルドーのことを、元夫のロジェ・バディム監督は、彼女ほど主人公を「バルドー化」させる女優は他にはいない、監督の力などいらないと称賛している。

いかなる名監督といえども、媚びない女優がいることを忘れてはならない。

不本意ながらであろうが、モンローはまだまだ次なる映画製作に乗り出そうという時、36歳にして急死。バルドーは39歳の時に自らの意思で、女優を引退する。

見放される、見捨てられることなく、惜しまれたままで女優業を終えているのだ。

先のドロンのドキュメンタリーからや、フランスの俳優・女優たちの言葉によく出てくるのが、「コメディアン」「コメディエンヌ」という言葉。専門的な教育を受けてきた者で、役柄を演じるのが、「コメディアン」「コメディエンヌ」。偶然にも映画の世界に入り、役

柄を生きるのが「俳優」なんだということである。だから、ここには大きな違いがあることをドロンからも教わるわけであるが、「コメディアン」「コメディエンヌ」は、「役者」ということになるようだ。フランスの俳優の多くから、私は「役者」です、「俳優」ですと職業的にしっかり区分けしている姿勢が伝わってくることは、私も身をもって体験している。

このあたりは日本ではだいぶ違い、「コメディアン」だと、お笑い系芸人さん、喜劇俳優のことになる。コメディはフランスでは普通のドラマのことをさすが、日本では、おおむね喜劇のことになる。

いずれにしても、フランスの彼ら・彼女たちは自由の旗手であることが如実に見てとれる。

映画監督とかわらないリスペクトを自然に向けられる存在であり、そこが憧れの的となる。

ドロンが言う、捨てられる、忘れられる、必要とされなくなるという、不安定で危うい立ち位置にいながら、逆に誰よりも自由を手にしている職業だと思える。

監督のような権力など持ち合わせる必要もなく、身体一つで勝負する。

「不安定な自由」の真逆は、「安定した不自由」。人生どちらを選ぶべきか、正解はない。日本だと元公務員であったから、それを芸名にしたという俳優、役所広司さんがいらっしゃるが、逆に、公務員に転職したという俳優さんはいらっしゃるのだろうか。

主張せず、言われるがままにその役を生きる。その後は静かに次を待つ。そういう生き方ができるなら、スクリーンで演じることを諦めなくてもよいだろう。

「生き方が俳優」のリシャール・ボーランジェ

俳優をめざしたいと、私に相談してきた青年のことを思い出してみた。

彼をつき動かしたのは、一人のフランスの著名な俳優、リシャール・ボーランジェ。そして、彼の著作だった。

1988年の彼の著作『ブルース』(原題 C'est beau une ville la nuit)は、フランスで驚異的に売れたという。言わば「読む、ブルース」。多分に自叙伝的要素を含んだ、散文というかエッセイというか、アナーキーな日々を綴った一冊だ。ご本人曰く、サムライのような生き方。幻冬舎の本の紹介文を見てみよう。

「苦渋に満ちた幼少時代、アルコールとヘロイン、生死を彷徨うなかで悟った『人間』を

『フランスの友だち』
ポスター・チラシ

『フランスの思い出』
ポスター・チラシ

続ける道とは⁉。フランスの国民的人気俳優のベストセラー・エッセイ、日本初登場！　村上龍・監訳／鳥取絹子・訳」とある。

ミニシアター文化を元気にした、80年代を牽引するフランスや英国の映画監督、ジャン＝ジャック・ベネックス監督の『ディーヴァ』、リュック・ベッソン監督の『サブウェイ』(84)、ピーター・グリーナウエイ監督の『コックと泥棒、その妻と愛人』(89)などの作品に起用され、国内外で知られるようになった名優、ボーランジェ。

シリル・コラール監督作品『野性の夜に』(92)で、セザール賞新人女優賞を受賞した娘のロマーヌ・ボーランジェとともに、日本でも人気は高く、出演作が公開となるたび多くの観客が動員された。

そして巴里映画では、彼が主演した二つの作品を配給した。『フランスの思い出』（87）、『フランスの友だち』（89）は、いずれもジャン＝ルー・ユベール監督作品で、ベネックス、ベッソン監督たちの作品とは一線を画した、正統派フランス映画で、優しく心に沁《し》みわたる傑作であった。

『フランスの思い出』は、アメリカで『愛に翼を』（91）という作品にリメイクされるほど評価が高く、ボーランジェは、この作品でセザール賞の主演男優賞を獲得している。ダミ声が特徴で「ロックなオヤジ」という容貌、個性と主張が強く男臭いものの、フレンチなテイストも漂う男優である。ロマーヌ人気が高まってくる頃は、「ロマーヌのお父さん」という存在としても知名度があった。

彼の著作がフランスでベストセラーとなり、配給する作品のプロモーションのために、公開に合わせて日本で翻訳本を出版しようと、私の会社で出版権まで買い付けた。

しかし、本を日本で出せたのは97年なのだから、配給作品のプロモーションには全くできなかった。その顚末は本の解説ページに仔細《しさい》に私が自ら記している。巴里映画のＨＰでも閲覧できる。今読んでみても可笑しい。ボーランジェの素顔が伝わるはずである。素顔のボーランジェ……、そう、それはほぼ、映画の中で彼が演じる人物と似通っているともいえる。主張が強く、無頼な生き方の男。彼の真骨頂はそういう役柄だった。

そして、その素顔といえば、ベネックス監督も似たところがあったが、主張が強くても、個性的で憎めないものなのだが、「日本で俺の本は一体いつ出るんだ」という問いかけが半端ではなかった。裏返せば、彼の要求は、フランス同様、多くの日本の若い世代に早く読んで欲しいという、著者としての熱い想いからなのだ。

父娘で出演した『伴奏者』(92)のプロモーションのために来日した折にも、日本に到着するやいなや配給会社へのあいさつも、そこそこに、「俺の本、どうなってる、マダム・タカノを呼んでくれ」と言って困らせたという。よその会社にとっては、無関係で迷惑な話である。すぐ会いに行って進捗を説明したが、怒っていた。

次の来日は横浜でのフランス映画祭の時で、相変わらず翻訳本はでき上がっていなかったから、映画祭の夜のディナー会場のゲストたちの面前で、「ユーアー・ライアー(お前は嘘つきだ)」と叫び出す。私も負けてはいなかったが、『サム・サフィ』の主演女優オーレ・アッティカも来日してその場にいたことで、加勢してくれて収まった。彼女はすっかり、堂々たるフランスのマダムに成長していて、迫力があった。それにしても、そんな、映画さながらの彼女との再会は、忘れることができない。

その後、彼の本の版元であるパリにある出版社「ドゥ・ノエル社」に、出版の契約延長をお願いに出かけた時、ばったりボーランジェに出くわした。「自宅が近いから、毎日のように遊びに来てるんだ」とのこと。ホテル・ルーテシアも自分のリビング兼書斎だそうで、待ち合わせしたこともある。

彼は、パリを縦横無尽に徘徊《はいかい》する地廻《じまわ》り？　いや、吟遊詩人のようであった。

カンヌ映画祭ではマルチネス・ホテルがお気に入りで、呼びつけられた。またまた、「本、どうなってる、いつ出るんだ」ということで、7年近くの歳月の中、何度も会う機会は増えていった。

「マネージャーは、この電話番号だ」と言うから、かけると必ず本人が出てくる。

自らの自伝的、渾身の著作本が愛おしいという、素直でまっすぐな気持ちには、私は本気のリスペクトを感じるようになっていた。要は、彼は実にわかりやすい人なのだ。人生の中で、映画の中でのキャラのままに俳優の自分を生きている、映画の仕事と私生活の裏表なし。何者にも縛られず、自由奔放に。

だから、生き方が「俳優」なのだ。なかなか真似《まね》できない。これからも、彼を活かせるような役がない限り映画出演もままならないだろう。

そして、この本『ブルース』が日本の一人の青年を揺り動かした。出版してかなり年月が経った頃、古本屋でふとそれを目にして、人生を変えたいのですがと、ご連絡をいただいた。

それまでは堅い職業で、自分の仕事や人生に何の疑問も持たなかったが、このままで良いのかと、つき動かされたと言う。

「彼のような俳優になる決意です。東京に行ったら会ってもらえますか」

ボーランジェの出演作もビデオで観て、彼のような俳優をめざすという。

「それは無謀です。今のお仕事は辞めてはいけない。東京には遊びに来るくらいにしておきなさい」と真剣に助言したのだが、彼の決意は変わらなかった。聞けば、彼の仕事は公務員だったのだ。仕事を辞め、上京してから、彼が俳優になったのか、その後の連絡がないのでわからない。

古本屋で見つけたフランスの俳優の本が人生を変えていく……。何だかフランスの短編映画の始まりみたいで興味深いばかりだった。

たった一人だとしても、ある人間の人生を揺さぶったボーランジェは、愛おしい存在だ。彼を活かせる映画や監督は、今はもういないのだろうか。ちなみに、彼は『ブルース』を、その後自らの手で製作し、監督、主演、音楽を手がけ映画化している。娘のロマーヌ・ボーランジェも出演している。いまだ日本では配給されていないのは残念だし、と言って、巴里映画で配給しないのは、彼に懲りたせいではない。この場を借りて、弁明しておこう。熱き時代に彼も活かされて、数々の今に語られる話題作に生きた。いや、今も生き続けている。

映画作品に活かされる俳優たちの人生、デラシネといわれて久しいが、この職業もまた、映画とともに人を魅了する。これからもずっと。

第6章　パンデミック時代を迎えた「映画館」

今、映画館で観ることの意味

本書を書いている最中、新型コロナウイルス感染拡大という、100年に一度ともいわれる伝染病の災禍において、映画は大きな痛手を受けることになった。

映画製作の進行が止まったのは、なにも『ミッション・インポッシブル』シリーズ最新作を進めていたトム・クルーズだけではない。私の周囲の映画監督も、新企画がいったん保留になったという。

カンヌ映画祭も、国内のイタリア映画祭、フランス映画祭も延期になった。最新作の映画の試写会も同様で、再開なるも今も予約制であったり、リモートでの視聴となっている。以前には考えられなかったことだ。

しかし、私の連載は、最新映画作品を公開前に観てレビューを書くのではない。それに関わる映画監督、プロデューサー、俳優にリアルタイムに会い、インタビューによる記事制作なのだから、緊急事態宣言時は、インタビューができなくなり連載は一時期止まってしまった。今はリモートでのインタビューが新常識でもある。

「撮影込み、四媒体で40分、よろしくね」

というような、過酷な条件の中で、来日する大物映画人たちのインタビューに意欲を燃やしていたことが遠い過去のように思える。

しかも、紹介する新作映画の公開自体が延期になってしまうという最悪の事態にも見舞われたのだ。

本当に映画さながらのこの事実。ＳＦ映画もぶっ飛ぶくらいに、新型コロナウイルスはしたたかで、近年のグローバル化を誇っていた我々人類の弱点を知り尽くし、さまざまなワザを見せつける。

前置きが長くなったが、何しろ映画産業にとって最悪の影響は、誰にとってもわかるように、まず劇場に及んだ。大勢が大挙して一カ所に集まることを禁じられたり、リスクが伴うということになったのだから。監督がいなくては映画が生まれないことは述べたが、その映画を上映する映画館に行く自由が危ぶまれることなど、予想だにしなかった。

今回、映画から学べることは何かないのだろうか。「歴史は繰り返す」ということだけを教訓としなくてはならないのか。

映画館で映画を観ることができず、映画館も機能しないうちに廃業となることの危機がこの時期、訪れようとは……。

「おうち」で観る映画の楽しさ

とは言え、コロナ以前に、映画の観方は、すでに多様化し始めていた。

「もう、映画館には行かないですよ。行ってる時間がないんです。ウチで観るのが楽しい」

これは、ＶＨＳやＤＶＤが市場に出現し、映画館に行く人口が減るに違いない、ビデオ・メーカーは映画産業の敵だ、などと言っていた時代の言葉ではない。もはや、ＤＶＤメーカーの脅威にもなっているＶＯＤ、動画配信による劇場用映画の楽しみ方を知ってしまった、私がよく知る写真家のリアルな言葉である。彼もまた「おうち鑑賞者」になってしまったのだ。

これを何気ない言葉として聞き流すわけにはいかない。映画配給の仕事をしている者としては、もう配給とそれに伴う宣伝もいらなくなりそうでもあるからだ。

作品にもよるのだが、劇場公開された最新作は目玉作品であるから有料だが、旧作など無料で観ることができる作品もあるのだから無理もない。え、あの巨匠の不朽の名作が無料で……と知って悲しくなるのは私だけだろうか。

配信会社オリジナルの作品も製作されていて、それがすこぶる面白いシリーズになっていて見逃せないと聞く。これも無料の場合あり。だから、映画館に行く時間がないほど、毎日映画を楽しんでいると言われたら言葉もない。

先に述べたように、映画配給の仕事は、基本的に買い付けた新作映画を劇場にブッキングする交渉から始まり、上映するにあたり劇場とともに宣伝活動をして、上映の場に観客を動員する役目がある。

もし、劇場がなくなって、それなら配信があるさ、ということになったなら、私の仕事は作品買い付けをした後、配信会社に行き、ＶＯＤ権の販売について交渉するだけだ。宣伝の必要もなさそうだ。

ということは、別に配給・宣伝という仕事などなくてもよさそうではないか。

まあ、観客、視聴者の皆さんが、映画館よりリーズナブルな価格で、例えば、トム・クルーズ最新作をステイ・ホームで観ることができるなら、配信で観るほうを歓迎する方々も少なくはないかもしれない。

大型館で観る至福

確かにコロナ禍以前から、映画館で観る層が減ってきていることは実感していたことだ。例えば、私は少女時代から、ハリウッドの超大作は大型館で超満員の観客と一緒に観ないと気が済まない。あのむせ返るような興奮のるつぼを共有してこそ、最大限楽しめるのだ。そして、両隣、前後も知らない人に囲まれてこそ集中できる。友人を誘ったことはほとんどないのだ。

振りかえると、『スター・ウォーズ』『未知との遭遇』などは、今はなき、銀座一丁目のテアトル系の大型館で観たのだが、血潮がたぎる思いにかられた。

また、テレビシリーズの頃からのご贔屓であった番組『スパイ大作戦』を『ミッション・インポッシブル』として、トム・クルーズが映画化してくれて以降、彼の大ファンになっているわけであるが、シリーズはすべて初日に観に行く。どんな重要な仕事でも後回しである。

そうしているうちにも、観客数に大きな変化が訪れていることを目撃するようになっていた。今はなき有楽町の大型劇場に、午後の仕事を抜け出し観に出かけることが楽しみで、

『スパイダーマン』シリーズや『ミッション・インポッシブル』シリーズは、そこでと決めていた。初日からだいぶ日にちは経っていたこともあるだろうが、広い劇場には二〇人くらいの観客が中央に固まっていて、私はその中で悠々と観る快感を得ることができたのだ。そうは言ってもこんな贅沢がいつまで続くものなのかは不安であったし、その結果、歴史ある大型館は姿を消す運命を迎えることにもなってしまった。

映画を映画館で観ることの非日常の贅沢を味わって、その時代を送ってきた世代も歳を重ねるうち、銀座や新宿から足が遠のくという現状もあるようだ。映画館も観客も同時に老朽化を迎えたから消滅するなんて、寂しすぎる。

そういう世代はまた、自宅に大型のビジョンを設置して、DVDや配信で観る楽しさに乗り換えていそうではあるが。

子供は子供で、「映画館で映画観たくない。途中で映画を止められないから」と言うそうで、これが作り話でもなさそうなのだ。映画は、トイレや食事をしたい時は自由に止められるものだと思って、家で観ている子供たちにとっては、映画館は実に不自由な環境になっているという。

若年層に至っては、「映画、ナガクない？　LINEが溜まっちゃうんだよね」。食事の時ならともかく、映画館で鑑賞中だと返事ができない。LINEに送られてくる連絡が溜まりに溜まり、気になってしまう。映画どころではないというわけだ。

話は少し逸《そ》れるが、「長い」といわれる劇場用映画は、少なくとも70分以上ないと興行対象になりにくい。アカデミー賞の対象作品としても、それだけの尺がないと映画として扱ってもらえないという。

特別な作品を除いて、映画はだいたい90分に収められた作品が良き作品とされていた。『サム・サフィ』などは90分作品にするために、三分の二もカットされた。冒頭のバルセロナのシーンで、主人公の恋人という、重要な人物が存在しなくなったくらい、大幅にカットされている。それだけタイトに凝縮されたから、なかなかの完成度になったとも言えそうで、映画というものは編集者の腕前次第であることもわかった。バルセロナのシーンでは、出資の条件の一つとして約束した、日本側プロデューサーである私のエキストラ出演の出番も、最後の最後に削られてしまった。フランス側製作者たちの確信犯的采配の勝利となった。

フィルム時代からデジタル時代へ

製作費五億円、その一〇％を日本が出資という金額で、三分の二を自在に撮るだけ撮り、いらないところは惜しげもなくカットする。35ミリフィルムの時代の頃の贅沢なやり方である。

だから、その頃の映画からは、知らず知らず贅沢感を覚えさせられたのかもしれない。手間暇かかっているアート作品なのだから、わざわざ映画館に出向き、1時間半以上も他のことなど忘れて没頭できたのではないか。

家でかなりのクオリティを誇るブルーレイで観ることができる時代になってきた頃、それを追いかけるようにして、映画がデジタルで作れるようにもなった。ある意味、ハードルが低くなり、それが進化か退化かは一概に言えないのだが、映画の持つ価値や意味が変わってきていると思う。通勤中にスマホでＶＯＤ配信の映画を一本観終わることを、誰も咎《とが》めたりはできない。

映画の観方の選択肢が広がり多様化することを止めることは、もう誰にもできないのだ。ミニシアター・ブームが時代をリードしていた頃、『サム・サフィ』のヴィルジニ・テヴネ監督をはじめ、他の配給作品の監督も皆、映画は35ミリフィルムで撮る、映画館で観るという前提で作品作りをしていた。

「映画館では観れるモノが、画面からなくなってしまうんだ。ビデオやＤＶＤとかだとね」

多くの映画監督たちからの、切実な言葉は真実であった。

スクリーンに映し出される場面の隅々までが監督の世界なのである。ところが、確かにビデオ化された場面やＴＶ画面のフレームの場合、四方の隅には映画で観ることができた、映るべきものがないことがある。

また、今はデジタルのリマスター版が歓迎されていたり、テレビでは４Ｋ、８Ｋがもてはやされつつあるようだが、陰影にこだわった作品もすべてクリアに見える。フィルムで撮っていた頃は、この陰影が重要で、何から何までクリアに見えるのはＴＶ的であるとされていた。

『パリ猫ディノの夜』はアニメーション作品で、採算度外視で、公開劇場も一館、一本の35ミリフィルムでの上映にこだわった。その時でも、予告編はＤＣＰ化する必要があって、それを観てみると、それなりの感銘を受けた。クリアでヴィヴィッドな世界もまた素晴らしく、目が覚めるほどの鮮やかさなのだ。

つまり、当初の監督の製作意図とは「別物」の、優れた映像がデジタル技術で作ることが可能だということになる。

だから、これはこれで賛同できるのだが、光と影が生み出す「映画」では、もうない。そう思うしかない。

暗く見えにくい部分があってこそ、「映画」なのだと思う。これはあくまで私の価値観であるが、何でも見えすぎることは余韻がないということにもなる。人の顔にたとえて言うなら、「整形美女」に近い。近年、俳優の顔に翳《かげ》りがなくなって味わいに欠けると公言して下さったのは、尊敬する女優の岸恵子さんだが、全くその通りで、キレイで明るい顔の俳優がスクリーンに映し出されても、私などは惹きつけられない。私には、俳優が皆同じ顔に見えるようになって久しい。

それはまあ良いとして、35ミリフィルムで撮っていた監督たちも、次々と柔軟にデジタル撮影に着手するようになって久しい。まだその切り替えができない頃には、皆、口を揃えて、こう言うのだった。

「抜けた感じ、透けた感じがなくなるね。デジタルだと、平板になっちゃう。色味の透明度というか、それは重要。妥協できない」

「35ミリフィルムの映写機で、決まった距離からの投影。映画は、そういう方程式で作られているんだ」

こういうやかましさ、面倒くささが映画監督の常套句《じょうとうく》でもあったものだ。

映画館では35ミリフィルム上映を観たい

テヴネ監督も、先に触れた『サム・サフィ』の次回作となる日仏合作の新企画をやろうという時に、予算が巨大化しそうなのでデジタルで撮るというチャレンジに、ちょうど良いタイミングではないかと勧めたが、二つ返事とは行かなかった。

「安上がりに作るのか。思うような映像が望めない」と猛反対を受けた。

だが、もうそういう時代ではないし、多くの監督がデジタルに取り組んで次世代を牽引しようと一歩前に出ている。新企画は大半が日本での撮影なので、デジタルならうってつけであろうと、私は提案してみた。

1年以上経ち、フランスの監督たちもデジタルで映画を撮る試みに取り組み出したこともあり、彼女も興味を持って、動く気配はあった。その時、モデルケースとなったのが、岩井俊二監督の『リリイ・シュシュのすべて』(01)であった。

彼女からの承諾は、早かった。その後この企画は、いまだ形にはなっていないが、映画の世界は「構想10年、完成10年」で、でき上がる作品もある。気長に温めている。

そう言いながらも、私自身はいまだ本来は35ミリフィルムの映写機があっての映画館が、真の映画館だと思いたい。そうだったから皆、映画館に行ったはずだ。

フィルム上映の味わいは理屈ではなく、五感で感じるように人の身体は作られているから、スクリーンに映された『パリ猫ディノの夜』に「キズがあっていい感じだった」と感動できたのではないか。

この作品を家で観る場合はもちろん、DVD、ブルーレイで観ることになる。映画館で観るのとは大きく違う「パリ猫」なのだ。

そこに映画館の価値があると思うのは、私だけなのだろうか。

深夜の「先行ロードショー」の時代

映画館に、「特別な時間」を求めて出かける「悦楽」。近年の若い世代の皆さんは経験がなくて、可哀《かわい》そうに思うのだが、時代の流れで消えていった「先行ロードショー」という興行があった。

大ヒットが予想される、主にハリウッド作品を公開前の金曜の真夜中に上映する。始発まで電車がなくなるから二回くらい上映するので、渋谷、新宿を中心に多く観客が集まった。私などは仕事が夜中までかかる時でも、早めに仕事を切り上げて、スタッフと駆け込んだものだ。

ポール・ヴァーホーベン監督作品『ロボコップ』(87)は圧巻で、こういう上映の時はここが日本とは思えないほどの拍手喝采が起きる。「口コミ」での宣伝拡大効果を狙っての上映でもあった。この作品の続編の時も、もちろん夜中に駆けつけた。立て続けにヒット作になった。この監督の作品は深夜に鑑賞するのが極めてふさわしいと思わせた。ただ、一緒に行ったスタッフはそのつど横の席で高イビキだった。仕事がハードだし、もしかしたら家に帰りたかったのかもしれない。

同監督の『スターシップ・トゥルーパーズ』(97)の時も、先行ロードショーで大興奮して観た。ウェス・クレイヴン監督『スクリーム』(96)も、『ロボコップ』同様に最初から、そして続編はもちろん、三作目も、先行ロードショーは満杯となっていた。興奮や恐怖は映画館にギュウギュウ詰めにされてこそ臨場感が生まれ、映画を観る楽しみが拡大されてヒットを呼び寄せる。これらの作品は続編に次ぐ続編が製作され、ハリウッドならではの映画の力を見せつけて驀進《ばくしん》していく。時代の潮流の中でこそ、輝いていられたのだと思う。

今ならその共有できた「特別な時間」の興奮を、すぐさまSNSに流せるのだから、まさに「口コミ」の進化系で宣伝拡大は必至だろう。が、夜中近くまで働いて、その後映画館の深夜上映を観るというような「ブラック」な働き方は推奨されはしないのだから、先行ロードショーに駆けつける人口の維持は、現実的には無理であろう。しかし、あれは、仕事の後に行くのが一番楽しい。イケイケ時代のオアシス的場所であった。

まあ、今も、観たい映画が渋谷などでやっていれば「先行ロードショー」で観てみたい、という観客もいるとは思う。でも、きっとおうちでゆっくり、恋人や友人とDVDを観るというライフスタイルのほうが好まれる時代だろう。六本木のクラブもシンデレラタイムに皆慌てて引き上げる時代だから、それから映画を観ようという若い層も、極めて少ないと思われる。

吹き替えから字幕へ

今は、パリやニューヨークも深夜営業のエンタテインメント系の場は減っているようだ。80年代や90年代の頃、夜中に映画を上映しているというパリのシネマテークに行ってみたら私以外に一人しか観客がいなかったが、粛々と上映されていたのが嬉しかった。

ちなみに、パリやローマの大型映画館では、ハリウッド作品はすべて吹き替えされての上映であった。ティム・バートン監督作品『バットマン』（89）をパリで観ておこうと、映画館に出かけたのだが、観客たちは主演のマイケル・キートンの肉声を知らなくても大満足なのだ。フランス語を話すバットマンとつき合ったのはかなりのストレスだった。もっとも、近年は日本もその例に漏れず、吹き替え志向は高まっている。

「洋画は字幕に追いつけないから、日本映画のほうが好きです」

と素直に語るのは、私が映画論を教えた大学の外国語学部の学生である。

かつては洋画の英語、フランス語の声が耳に心地よく、字幕を貪るように追うことも映画を観る充実感を支配していたと思うのだが。俳優たちの生の声が聴けないのなら、そりゃあ洋画の価値は半減すると、私などは思う。

そして、映画のすごいところは、カンヌ映画祭の上映の時などでもそうなのだが、台詞《せりふ》を丸々理解しなくても、幸いにビジュアルが助けてくれるから、観ていて自然に涙が出てきたりすることだ。

パリに行くと、メトロの近くには必ず映画館があって、東京のミニシアターで上映するような作品をいち早く観ることができるから、観光名所の一つとして立ち寄るべきだと若手たちにも推奨してきたものだ。もちろん、吹き替えなどはされていないが。

デイヴィッド・クローネンバーグ監督作品『イグジステンズ』(99)が作られた年、監督がカンヌ映画祭の審査委員長であり、彼のこの最新作がパリで公開されていると知って、映画祭の後にパリの映画館で観たくなった。夜の上映だったから、昼の仕事の疲れが出てしまい、寝たり起きたりの夢心地の中で観るのも、また快感であった。クローネンバーグの世界を観るには、最高の環境だった。

パリのシネマテーク的映画館、ミニシアターの誕生

フィルム時代に大いにもてはやされた映画館が、80年代から台頭した東京を中心とする日本のミニシアターだ。もちろん、一作品にこだわる単館上映である。単館系洋画配給ビジネスの拠点だ。

新宿、渋谷、銀座、日比谷というように東京を中心に、地方では主要都市で地域ごとに特徴、ポリシーを打ち出し、ヨーロッパ映画文化の発信の場として、次々とミニシアターは生まれていった。

アート性、カルト性、カルチャー性のある作品。それは作家性の高い映画監督のクリエ

イティブの力の賜物なのである。

ベルリン、カンヌ、ヴェネチアの国際映画祭で高い評価を得たような、ハリウッド映画とは差別化を図った洋画を東京でロードショーする。その後に大阪、名古屋、福岡、札幌と順次公開していくのが、単館系洋画配給の基本的なシステムであった。

35ミリフィルムのフィルム缶をワンセットで次々と次の劇場へと送っていく。東京、大阪同時となると、フィルムをもうワンセット作らなくてはならず、高価な素材であるから、そういう必要をなくすためにも、東京発信で順次ロードショーという形が普通だった。

ハリウッド作品との違いは作品の傾向だけではなく、そのような上映システムにも顕著であったのだ。ドーンと大きなスクリーンのあるチェーン館で同時多発ロードショーを繰り広げるのではなく、八〇席から多くても四〇〇席前後のシートで、1日四回、少なくても4週から6週は上映をする。というのが、私が配給の仕事を始めた頃のミニシアターの上映形態であった。

ドーンとやってドーンと観客を呼ぶやり方は、作家主義の作品には適していないということもある。買い付け費用がかかっているのだから、フィルム代も含め、宣伝費も抑え、できるだけ長く上映してもらうのがビジネス的に勝算ありということになる。

配給サイドと劇場サイドで協力して動員し、観客のチケット料金を分けあう。劇場に入ってくる収益を興行収入、分配後の配給サイドが取得した収益が配給収入ということになる。配給側は買い付け費用と宣伝費を引いた金額がおおよその手残りとなる。

私が配給の仕事を始めた頃は劇場も限られていて、配給会社も少なかったので、劇場サイドが宣伝費を折半してくれるという条件もあり、経費を抑えることができ、両者ともに無理なく進められた。小さい会社でも配給ができたのは、そんなシステムであったからだと思う。

良き時代にスタートを切り、シアターあってこそのビジネスではあったが、逆に配給作品が枯渇したら映画館としての上映も立ち行かないのだから、相互の関係は前述したように良き「共犯者」なのだ。両者が一丸となってヒットをめざすという「情熱」の入れようは、半端なものではなかった。

そういうシステムの中だからこそ、宣伝、パブリシティにも力が入る。劇場サイドは予告編を流し、ポスターを貼り、チラシを置いてアピールに励んで下さる。前売りチケットの売れ行きで、上映週数のあらましが固められていく。

要するに、1年12カ月、50週余を、結果的には、他社の作品とシェアしあうビジネスでもある。前作品がロングランヒットになれば、予定通りの初日公開にはならない。と、いうことも特徴的なビジネスなのだ。

当時は、少なくても4週間ほどは動員が少なくても劇場側は辛抱して下さった。ペイできないと配給会社のほうが立ち行かなくなるからだ。

シアターとアート作品のマッチング

『テレーズ』以来、東急系列の「シネマスクエアとうきゅう」と「東急Bunkamura ル・シネマ」という、「東急」系にずいぶんとお世話になった。

当時、「岩波ホール」が、歴史的にも世界の秀作を上映するシネマ・シアターの先がけであった。電鉄系「東急」と「西武」がミニシアター・ビジネスに乗り出したのは80年代であったが、東急が一歩早かった。「シネマスクエアとうきゅう」という新宿にあるミニシアターで上映できれば、配給会社としてはまず一人前と、自他ともに認める状況であった。

大手の配給会社の宣伝部長であった、業界にも顔の効く人物がパートナーとなったことが有利に働いたのか、公開初作品ながら、ブッキングは鮮やかに決まった。カンヌ映画祭で最高賞を争い、審査員特別賞に輝いたアラン・カヴァリエ監督作品『テレーズ』が初配給作品であったが、この名門のミニシアターでの興行で、スタートは輝かしいものになった。

最初にお世話になった映画館は、やっぱり「東急」だったということは、子供時代から慣れ親しんでいた渋谷の「東急文化会館」が、私自身の映画体験の源流なのだから、このご縁に恵まれての新事業スタートには、実に嬉しい気持ちになった。

このミニシアターは、１９８１年に設立され、世界的な国際映画祭で高く評価されるような秀作を次々と上映。単館系ロードショーのモデル的ミニシアターのステータスを確立していた。

『テレーズ』を上映した後の同年に、この劇場ではジャン＝ジャック・アノー監督作品『薔薇《ばら》の名前』(86)が公開となり、16週のロングランヒットで話題となった。ミニシアターの単館ロードショーがビジネス的にも勝算を生み出すことの証である。ショーン・コネリー主演、少年時代のクリスチャン・スレーターも出演しているハリウッド映画かと思いきや、アノー監督の作家性が活かされた文芸作品であり、文化の香りも高い、いわゆるエンタテインメント作品とは差別化された映画である。

こういう映画を、チェーン館で一斉にロードショーするのではなく、設立当初の狙いでもあったという、大人のサロン的な雰囲気のある贅沢なシアター、「シネスク」一館で観せるということ。これこそ、まさにベストマッチングの作品で魅了するミニシアターの快進撃なのである。

「特別」な映画を「特別」な映画館で

「特別な」映画を「特別」な映画館で、という付加価値を目の当たりにさせた勝利なのだ。こだわって作られた映画作品を、こだわりのミニシアターで観せる、観る。これが80年代の東京のニューカルチャーという大きなムーブメントとなったのは、毎年、毎年、次々と新たなミニシアターが作られていったからだ。そのめざましさは半端なことではなかった。

「シネマスクエアとうきゅう」の対抗馬として、後を追うようにして西武系が83年に「シネ・ヴィヴァン・六本木」、次いで85年に「シネセゾン渋谷」を設立。フェデリコ・フェリーニ、ジャン＝リュック・ゴダール、ルイ・マルというような巨匠、気鋭の名監督作品を上映していった。

こんなに贅沢な映画鑑賞の環境ができ上がっていき、東京は世界中の名画を観ることができる国際的映画都市になっていった。

86年には、渋谷に誕生した「シネマライズ渋谷」がデイヴッド・リンチ監督『ブルーベルベット』（86）のような先端的映画の発信源として、ブランディングされていく。ハリウッド映画とは別の「特別な」映画の存在があることを、渋谷系の若者たちに浸透させていく。それだけ啓発的作品も生み出されていったのだ。

87年には、東宝系の「シャンテ・シネ1、2」で驚異的なロングランヒットとなったヴィム・ヴェンダース監督『ベルリン・天使の詩』（87）が、ミニシアターで観る、単館系洋画作品が時代を牽引する存在であることを堂々と見せつける。20週にわたるロングランヒットを実現したのだ。

私が飛び込んだ世界は、このようにめくるめくも急激な発展を見せていった。

異業種から参入して、そのパワーの原動力は大いなる好奇心と、それまで抱いていた映画への愛だったと思うが、ビジネスになり得るのかどうかというチャレンジに対する答えは、実際にその現場の「当事者」となって、初めてわかるものだ。

思い起こせば、配給ビジネスをやってみたらどうかと勧められ、買い付けて配給するべき作品とはこういう映画であると、試写会で観ることになったのが、「シネセゾン渋谷」で上映されヒットとなった話題作、『蜘蛛女《くもおんな》のキス』（85）であった。

その時の私はといえば、その作品のヘクトール・ヴァベンコ監督について詳しいわけではなかった。カンヌ映画祭とアカデミー賞で、主演のウイリアム・ハートが最優秀主演男優賞をダブル受賞したことなどは、観るまで知らなかった。ただ、その傑出した作品には誰もが目を見張ることに間違いないことや、配給されるべき高い価値を直感できた。その作品をどのようなミニシアターで上映するかが、配給会社としては最重要であることなどには、まだ門外漢だったわけである。それでも、このような作品の「送り手」になりたいと心から思えた。

ミニシアターでの上映には、作品とのベスト・マッチングあってこそ、大きな勝算が生み出される。ここが肝心で勝負もかけられるのだ。ミニシアターのブッキングという現場の仕事をする立場になってみれば、身をもってわかることなのだが。

よそのラッキーがこちらのアンラッキーに

例えば、みごとなロングランヒットとなった『薔薇の名前』の場合、16週というと4カ月近く、劇場はその作品の独占状態となる。通常一作品4週から、上手く運んで6週ぐらいのローテーションで、新しい映画番組が上映されていくところだが、次の作品、また、その次の作品が待機している状態が続いた。

我が配給作品のヤナ・ボコーワ監督作品『巴里ホテルの人々』(87)も『薔薇の名前』上映後の三作目に控えていた。公開予定が数カ月も大幅に遅れる。

『巴里ホテルの人々』ポスター・チラシ

「よそのラッキーがこちらのアンラッキー」になる。そういうビジネスであることも、やってみて初めてわかったことであった。収益の回収も当然遅れる、そういう仕事なのだ。

しかし、この事態を逆手にとって、空いた時間は、パブリシティを増やすチャンスでもあるのだ。チェコ出身で美人の女性監督が描くパリのプチホテルでの人間模様という作品だけに、「パリ」「ホテル」「旅」などの切り口で、クオリティの高い女性誌への再度のアプローチに全力をかけることができた。

公開前の「戦い」は、不休なのである。

年間四作品は上映するのが、会社設立当初の目標である。大物監督の作品も続々と予定される中、あっという間にめぼしい劇場は埋まってしまう。その間隙を縫って、複数のミニシアターにブッキングしていくという仕事は、劇場への説得力にかかっていて、一朝一夕で身につくものでもない。経験則と実績がものをいう。

劇場あっての配給ビジネス、配給作品あってのミニシアター・ビジネス、ここは常に両者間の綱引きになる。そういうこともわかってくると、のんびりと受け身ではいられない。そんなことを実感させられる配給という仕事。その躍動感を求められることに魅了された。

それにつけても良い時代だった。

『テレーズ』をブッキングしたら、すぐさま同時期上映をめざし、二作目となった『ギャルソン！』は、別の劇場にブッキングを試みる。

「観るファッション」としての映画

73年に渋谷に完成した「PARCO劇場」に81年から「スペース・パート3」というミニシアターが開設されていた。特設会場的なベンチ式のシートも新鮮で、若い世代に人気を呼んでいたが、そこに『ギャルソン！』の上映を決めていただいた。81年から夜10時のレイト上映を前面に打ち出した、六本木にあった「俳優座シネマテン」というミニシアターでも、同時上映することが叶った。

「スペース・パート3」は、ジェームズ・アイヴォリー監督作品『眺めのいい部屋』(86)、マレク・カニエフスカ監督作品『アナザー・カントリー』(84)など、時に美しいホモセクシャルな作品を打ち出したことで知られ、若い、それもPARCOが呼び寄せる先端的でファッショナブルな層に、その存在を認知させていった。

言うならば、「観るファッション」としての映画の価値観を、映画ファンのみならず、PARCOというファッションビルに集まるような層を、映画に引き込み啓発した存在だったと思う。

そこで『ギャルソン！』を上映できたことは、まさにベストマッチングであったと今も思う。

全国のシスターが新宿に集結

『テレーズ』もビギナーズ・ラックをもらえてのことなのか、予想以上の上映期間となり、好成績を収めることができた。実はテレーズという人物はカソリックでは有名な、24歳で殉教した「アイドル的」存在の聖女である。テレーズとかテレジア名で日本でもクリスチャン・ネームを持つ方々が大勢いらっしゃるのだ。全国のカソリックの教会に、カンヌ映画祭で受賞した、彼女の短い生涯をアート作品として描いた映画があると、スタッフ一丸となって「布教」するかのようにして回った。その効果もあって、映画を一目観なくてはという教会関係者が新宿に集結した。聖女の存在は大きかったようだ。

そういう意味でも、単館ロードショーというのはすごい。主要都市以外で、ミニ・シアターがない地域の方々が、わざわざ「シネスク」に観に来てくれる可能性があるということなのだ。新宿の歌舞伎町にシスターたちが多数終結したことは話題にもなり、取材したいという写真週刊誌からの問い合わせもあったほどだ。

もちろん、映画の内容の素晴らしさもあって、週を重ねるごとに観客は増えていった。80年代のカルチャーを牽引したジャンルは、映画に限らず複数あったと思う。さまざまな新しい文化が生まれて、ファッション・リーダーやオピニオン・リーダーが登場した。単館系洋画のニューカルチャーも、その潮流の中で確実に注目の的になった。

そこに大きく貢献したのが、ミニシアターである。ニューカルチャー、その後のカウンター・カルチャー、サブ・カルチャーが生まれる拠点として認識されていった。

このカルチャーの躍動の真っただ中にいられることに興奮しないわけがない。

他にも良いミニシアターがたくさんできて、ずいぶんお世話になった。前述した『バンカー・パレス・ホテル』は渋谷・西武デパートの、今は無印良品の複合的フロアになっている場所にあった「シードホール」で上映していただけた。

そこは、多目的機能を持ったスペースで、映画に限らずクリエイターたちの集まる場所として注目されていた。フランスのバンド・デ・シネの重鎮で、劇画家であるエンキ・ビラルの作品を上映すると、その空間がまた非日常のアート世界になっていた。

レイト上映で活かされる映画

それぞれの劇場ではレイトショー上映にも力を入れていて、9時前後に一回のみという限定の上映の仕方は意図的なものであった。

作品の規模もあるのだが、夜の時間帯だからこそ活きてくる作品というものも多数あった。その分できるだけ長い興行にするという形態だ。

その時代のレイトショー上映は人を選ぶというか、その作品に引き寄せられて集まる観客は選民意識のようなものを持った層がみごとに揃うのだ。まさに「サブカル」の聖地のような場になっていた。それだけに、作品は、その層の審美眼に叶う作品でなくてはならないことにもなる。

『ガーターベルトの夜』をレイト興行して下さった「シネセゾン渋谷」は、今は大型のライブハウスになってしまったが、昼とはガラッと客層が変わる側面を徹底して特徴にし、「尖った層」を夜の時間帯に集めることに成功していた。

『ふくろうの叫び』(87)はヴィルジニ・テヴネ監督が女優であった頃に、ヌーヴェルヴァーグの旗手の一人、クロード・シャブロル監督が、あのパトリシア・ハイスミス原作を映画化した作品。この超レアものは、間違いなく「シネセゾン渋谷」のレイト興行しか考えられない映画だった。

また、渋谷の「シアター・イメージフォーラム」ができたばかりの時期、『踊るのよ、フランチェスカ!』(97)という作品を配給することになり、ミュージカル風味で、主演がバーラ・ジーン・マーマンというドラッグ・クイーンなので、レイト興行に「ハマる」と考えた。

映画祭でカンヌの目抜き通りを歩いていたら、この作品に出演していたスペインの女優、ロッシ・デ・パルマと、ばったり遭遇。『サム・サフィ』でメインアクターとして出演していた彼女とは、スペインのロケで顔見知りになっていたこともあり、再会を喜びあった。そこで、この作品がプレミア上映されるということを聞き、さっそく観に出かけ、配給を決めることとなったのだ。ご縁であった。

レイトにこだわったといえば、前述した、『つめたく冷えた月』も、チャールズ・ブコウスキーというカルト作家の原作で、音楽にはジミ・ヘンドリックスの曲が挿入され、リュック・ベッソン製作という曲者揃いのカルト作品であった。

吉祥寺の「バウスシアター」を皮切りに、「俳優座シネマテン」へと、異例のミニシアターのムーブ・オーバーという「はしご」興行を試みた。実は、これも想定外の好調が続いた結果であった。上映を続けるうちにグングンと話題が広がり、上映を希望する劇場からオファーが続いたのだ。新宿の新設のミニシアター「シネマカリテ」からも、上映したいというリクエストをいただけるほどの快挙になった。通常は、他の映画館で上映した作品を、ましてや新設の映画館で再度上映するということは異例のことなので、快進撃と言って過言ではないと思う。

しかしながら、ロングランになった場合、ビデオ、DVDなどの発売時期が必然的に延びてしまうことも事実なのである。興行を優先するかビデオ・DVD発売を優先するかの判断・決断を強いられるということにもなる。結果的には、興行を切り上げることになった。そのまま上映を続けたら、さらなるロングランは続いたと今も残念に思う。

これもまた、配給の仕事を実際に経験してみないとわからないことである。

ミニシアターからシネコンへ

『薔薇の名前』は16週のロングランヒットだったが、実は後に控える他の上映作品のことを考えて、16週で止めざるを得なかったともいえるのだ。『巴里ホテルの人々』が、数カ月の公開延期で済んだという劇場側の判断には、感謝、感謝であった。

第2章でも詳細に述べた『TOPLESS』は、「シネ・ヴィヴァン・六本木」が大規模な地域の再開発に伴い閉館することになり、その直前のラインナップに入れていただいての上映作品である。記念に残る興行になった。

その跡地には現在の「TOHOシネマズ六本木ヒルズ」ができ、私は個人的にもよく出かける場になっているが、こちらはシネコンだから、近年六本木から発信される単館系の洋画作品は皆無となった。

一時期、「シネマート六本木」も韓流の作品を精力的に上映していたが、今はもうなくなってしまったし。

「シネ・ヴィヴァン・六本木」は西武系、セゾン系が撤退以降、カルチャーの発信源としてのこだわりは薄まってしまったように思う。当初の尖った傾向、偏向の作品セレクトは、当時のカタカナ職業といわれた層や、知的好奇心旺盛な深夜族の「学び」と「遊び」の場だったことは、今や伝説的である。

映画監督のフランシス・フォード・コッポラが関わり、フィリップ・グラス音楽、ゴッドフリー・レッジョ監督の『コヤニスカッティ』（83・劇場公開時邦題）というカルト作品が、業界人の琴線に触れて、これを観ていないと「遅れている」となり、大流行した。

また、フランスの名高いマルチ・アーティストとして伝説的存在のジャン・コクトーの特集上映などには、業界人たちはこぞって足を運んだものだ。レイト上映だからか、始まると間もなく、多くの観客が眠り出す。あのコクトーの声音が催眠作用をもたらすかのように。かく言う私も、その例に漏れなかった。気づくと終わる寸前なのだが、妙に楽しい。みんなでザワザワと劇場を出るのが、すごくいい感じであった。

それくらい、映画を観るためにだけでなく、ミニシアターに行く、そこで映画を観るということに意味を感じていた人間が多数いたということなのである。その劇場で観ることに価値があったのだ。

しかし、名門のミニシアターのほとんどが今はもうないのである。「シネマスクエアとうきゅう」「シネセゾン渋谷」「シネ・ヴィヴァン・六本木」「シネマライズ渋谷」「俳優座シネマテン」「スペース・パート3」「シードホール」「バウスシアター」——驚くばかりの残念な現実である。

シネマコンプレックスが日本に誕生したのは1993年とされている。ただし、シネコンのせいで、ミニシアターが減ってしまったのではないと思う。

シネコンで上映される作品と、ミニシアターの作品は、もともと足を引っ張り合わないものなのだから。シネコンも含め、映画は映画館で観るというライフスタイルが大きく変わろうとしているからであろう。

映画に対する嗜好の変化や価値観も大きく影響している。近年はわかりやすく、しかつめらしさのない映画が好まれ評判になったりするようである。

それらが映画作りに求められる時、映画は本当に作り手が作りたかった本来の映画ではなくなってしまうのではないか。悩ましい問題だ。

かつての淀川長治先生の「好きに作っているね。映画は好きに作ればいいんですよ。好きに作れなくちゃ映画じゃないからね」という言葉を忘れたくない。

映画祭ならではの楽しみ

映画館以外での上映についても触れておきたい。劇場公開する作品との関係性について知っていただく参考になればと思うので、ここでは映画祭について述べてみる。

国際的な映画祭はもちろん、日本での国際映画祭に、映画ファンならば、一度ならずも出かけたご経験はあるだろう。いつものお気に入りの映画館で観るのと違って、その時にしか観られない作品がたくさんあり、実に贅沢である。

国際映画祭は世界中の映画が集められ、メインはコンペティション部門で、最優秀作品を競うためのものだ。映画のコンクールなのである。

加えて、映画祭に華を添える、有名な男優・女優が出演しているような劇場公開を前にした作品が「特別上映」部門でプレミア上映もされる。登壇するスターたちのトークイベントがあることも多いので人気が集まる。しかし、それらの作品は、もし、見逃しても後に映画館で観ることができるのだ。

けれど、コンペティション作品は、買い付けされて劇場ブッキングがされない場合は、その映画祭でしか観ることができないのだから、ぜひ、映画祭で観て欲しい。

世界中からの初監督作品、新進気鋭、ブレイク前の監督の出品も少なくない。それらの監督や出演者たちが、その後どのぐらい成長していくか、進化の過程をたどることもできるのは、コンペティション部門の映画を観る楽しみでもある。

自分が選んだ作品が、みごと最高賞に輝いたなら、自分の審美眼を褒めたくなってくる。これが、なかなかにワクワクするものなのだ。審査委員恐れるに足らず、自分の眼を信じて観てみよう。

ちなみに、映画祭では配給プロデューサー、配給会社は新作を懸命に観る。それが仕事であるのだから。

カンヌ映画祭でも、私はバイヤー・パスとプレス・パスの両方を首からぶら下げていた。買い付けは「椅子取りゲーム」。プレス向け上映が、映画祭開催中の毎日一番早い時間に行われていた時代には、プレスとしていち早く観ることができ、ゆえにいち早くセラーのもとに駆けつけて、買い付けのオファーができるところは両刀遣いの有利さでもあった。

そうは言っても、買い付けのために膨大な数の映画を観なくてはならない中、「ＦＲＡＵ」などの女性誌向けに、プレスとして取材して記事をまとめなくてはならない慌ただしさは、やった者にしかわからない。両刀遣いも疲れるものではあるのだが。

受賞しても映画館で上映されるとは限らない

さて、映画祭で高く評価された作品が、買い付けられるかどうか、日本で公開されるかどうかはバイヤー次第である。配給プロデューサー次第なのだ。

しかも、買い付けられたとしても、劇場が承諾しない限り、上映は成り立たないという現実もある。このハードな現実が物語るものとは……。

例えば映画祭にノミネイトされた作品は、一概にはいえないが、何千という作品数から精査されて選び抜かれた映画だ。また、選ばれた作品同士が競いあい、そこから最高賞を受賞したとする。しかし、劇場で公開されるとは限らないということなのだ。

東京国際映画祭２０１７で最高賞を獲得したトルコのセミフ・カプランオール監督作品

『グレイン（原題）』（17）は、現時点で日本未公開である。しかも、不覚にも私は見逃している。

ちなみに、同年の映画祭で、私が注目していた二つのコンペティション作品が予想的中して受賞した。一つはフランスの女優、アデリーヌ・デルミーが最優秀女優賞を獲得した『マリリンヌ（原題）』(17)。もう一つは、審査員特別賞に輝いた『ナポリ、輝きの陰で（映画祭・邦題）』(17)。

後者はイタリアのシルヴィア・ルーツィとルカ・ベッリーノ二人の監督作品で、この作品を観る前から注目していた私は、いち早く二人にインタビューもしていた。受賞する前から、絶対にそうなると言っていた私に、両監督からは、日本での公開を相談されたのだが、作品に合う劇場が思い浮かばなかった。両作品ともに、良い作品であるだけに、現時点でも日本で未公開なことが惜しまれる。

つまり、こんなふうに、皆さんが劇場で観ている映画は、配給と劇場の仕事に関わる人間が選んだ、限られた映画であること。そして、それ以外の、世界中で公開されていない映画があるということを、ぜひ頭の隅において欲しい。劇場で公開されていない映画にも、優れた作品がたくさんあるということを。

卑近な例ではあるが、私の会社の配給作品も、映画祭に出された作品ばかりではない。むしろ、「無冠」を誇る映画を掘り出してきた。劇場側と作品の「売り出し」方が一致すれば、上映が叶ったことが少なくないのだ。

「オリンピックのように競うことが横行していて、芸術の意味が損なわれている。だから、映画祭には興味ないんです。作品の良し悪しや優劣を競うことがおかしいんです」

これはスティーヴン・オカザキ監督が『MIFUNE: THE LAST SAMURAI』(16)公開前に、拙連載で語って下さった言葉である。

「審査というものは、審査する人間が変われば、結果も変わるというものです」

またこれは、ベルリンやカンヌの国際映画祭で数々の賞を獲得している実力派、フィリピンのブリランテ・メンドーサ監督が、東京国際映画祭2018の審査委員長を務めた時、審査結果発表の場で冒頭に前置きした言葉である。

どちらの言葉にも、映画への「救い」と「愛」が感じられる。

「作品を作ったら、映画祭に出してみればいい。そうしたら誰かの目に留まるんだし。そのためにはその映画祭のことも知っておかなくてはね。でも、知りすぎて、それに合わせるような映画作りは必要ない。僕のカンヌ映画祭とのつき合いは、そんなふうに始まったんです」

と語るのは、三池崇史《たかし》監督。２０１９年のスキップシティＤシネマ映画祭の審査委員長として、自らのカンヌ映画祭での経験を踏まえてのアドバイスとして、拙連載で語って下さった。

というわけであるから、観客の皆さんには、「賞」の有無だけにとらわれず、観たい作品選びは、あくまで自分中心でよいと、おススメしておこう。

パンデミック時代のミニシアター

さて、このたびのパンデミック襲来。これまで、時代の流れに変化を余儀なくされてきたミニシアターではあるが、それとは全く次元の違う衰退の危機が訪れた。

映画の上映・興行は、ひとたび延期になると、劇場の再開時には上映予定作品が列を作って待っているわけだから、どのように上映期間を分けあって上映されればよいものか、想像もできない。週数が極端に少ないと、配給側は経費倒れになることも考えられる。最悪の事態なのだ。

劇場に対しては、「ミニシアター・エイド」というクラウドファンドが生まれ、２日で一億円が集まり、最終的に三億円が基金として達成されたとも伝えられた。多くのミニシアターが救われたそうだ。関係者もそこまで支援金が集まるとは予想だにしなかったと、今や伝説的事実として語られているほどである。映画を愛する人々の想いを引き寄せる映画の力が想像以上のものであったことを、改めて知ることができた。

映画館で映画を観ることを、人生の中でのスタイルとして、失いたくないという人々の声が伝わる成果だったのである。

しかし、本来はパンデミックより前に、映画の楽しみ方が変化する中、ミニシアターを支えるエイドが必要だったのかもしれない。恒久的に映画文化を支えるような国家的支援もあって然《しか》るべきではないだろうか。

そして、映画館がなくては始まらない映画文化、そして、ビジネス。その場に映画を配給する者が力を失えば、映画館もまた、危機に襲われる。

新型コロナウイルスの脅威は、劇場と同じく、公開予定の映画作品が延期になることで大打撃を受けている配給会社、製作会社にも及んでいる現実がある。配給・製作者たちにも支援があってもよいくらいである。

ミニシアターで観ることが付加価値を持つ時代へ

ともあれ、多くの危機を乗り越えながら、ミニシアターと配給会社の良き「共犯」関係で、映画を愛する人々を映画館へと誘う活動が、持続可能であるよう願うばかりである。

近年は複数のミニシアターで作品によっては、同時に同じ作品をロードショーすることも増えてきた。映画館独自のカラーやこだわり、主張が薄まってしまうのはもったいない。しかし、こだわりのない映画ファンが増えてきたと言えるのかもしれない。

さらには、映画の楽しみ方の多様性が広がる中、配信で観る映画ファンが増えるにつれ、配信企業が名だたる監督にオファーしての映画製作も珍しくなくなっている。その作品はまた、配信だけという形にとらわれず、劇場でも公開する場合もあるのだから、川上と川下が複雑に交錯する、映画興行を迎えていることも見てとれる時代になってきた。

しかし、映画の楽しみ方が多様化する時代にこそ、単館系洋画作品をミニシアターで観ることが、さらに特別な価値を持つ可能性が生まれるとも言えるのではないだろうか。

こだわる映画愛好家だからこそ、ミニシアターで映画を観る至福を味わい尽くせるという自負。愛《いと》しき感性である。

良き時代から、今に至る大きな危機にも見舞われ、これを乗り越えるべき重大な局面も迎えたミニシアター文化とビジネス。その一翼を担う配給の仕事。当事者の一人として今改めて考えさせられる。

今後自分がどの現場にいても、映画をミニシアターで観ることが、人生最大の至福であることを語り続けたいと思っている。

この仕事を職業としたばかりの頃、気炎を上げて言いあったものだ。

「ウチの作品は観る人を選ぶ。ミニシアターも良き作品を選び、良き観客を選ぶ」

気取りすぎだったかもしれないが、これくらいの想いがなくては、続けられない仕事である。その気負いと精神は持続させていきたいものだ。

揺るぎなく、特別な、とっておきの場所

そして、そういう想いや熱意を絶やさず、今もなお持続しているミニシアターが多数あることは、文化の一端として誇ることではないか。

配給・宣伝、そして観客が一丸となって作り上げているミニシアターの映画世界。世代交代も繰り返しながら、毎年新たな世界中の映画を世の中に広めていくことの、ミニシア

ターは揺るぎないその牙城なのだ。

コロナ禍において行われたミニシアター・エイドが、予想を上回る巨額を生み出したことで、学んだことはいくつもあった。

惜しくも時代の流れや都市開発により閉館を余儀なくされた老舗の名映画館もあったものの、毎年の国際映画祭などでも高く評価される新作映画を観せていく場として、パンデミックのような非常時にこそ、ミニシアターという存在が再評価されたというのが、その証である。

多様化する映画の楽しみ方の中にあっても、燦然《さんぜん》と輝いているそれらの劇場は、やはり固定ファンの気持ちを摑んで離さない力を持ち得ているのだ。

そこには、近年のミニシアターの作品や状況、また作品によっては一館上映ではなくなった上映形態の中にあっても、こだわりを忘れない、その劇場らしい作品の見極めを忘れていない、ということが見てとれるのだ。

「ヒットしているなら、ウチでも、その作品上映したい……」という何でもいいから稼げばいいという姿勢は、そこにはない。

「その作品はウチのカラーではない」「ウチのお客さんたちには受けそうもない」という

確信と判断に支えられている。

もっと言えば、それは「誇り」ともいうべき精神であろう。利益最優先という安直な考えから離れた判断は、しかし、それこそがキレイごとだけではない、持続戦略そのものではないか。

例えば、フランスやイタリアの今を感じることができるような、それでいてオシャレな女性たちがお一人様になりたい時に、あるいは大切な人を誘って行きたいと思う時に、新作映画を観ることができる劇場といえば、「ル・シネマ」がある。

巴里映画も『フランスの友だち』や『マニカの不思議な旅』(89)、『彼女の彼は、彼女』(90)、そしてカンヌ映画祭で話題になったドキュメンタリー『モンタン、パリに抱かれた男。』(94)などで、おつき合いいただいてきた。

『モンタン、パリに抱かれた男。』は、フランスの名優で名シャンソン歌手、イヴ・モンタンの生涯を軽妙に映し出した作品であったが、「ル・シネマ」のもう一館では、モンタンの過去の出演作を特集上映して、二館同時の興行でゴージャスに展開したものだ。舞台興行の会社が、「PARCO劇場」で演劇として上演したという波及効果も、嬉しく記憶している。

『彼女の彼は、彼女』
ポスター・チラシ

『マニカの不思議な旅』
ポスター・チラシ

『モンタン、パリに抱かれた男。』
ポスター・チラシ

そして、『サム・サフィ』。それこそ、作品的にカラーが違うという声も周囲から寄せられてはいたが、そう言われれば言われるほど、「成功しなければならない」と、配給側は奮起するものなのだ。

「ル・シネマ」の有利なところは、映画鑑賞前後に、渋谷Bunkamuraのリュクス感のあるファッション・ブランド店舗やレストランで、時を過ごせるというところだ。揺るぎない存在である。

「シャンテ・シネ」も設立以来、ヨーロッパの名画を上映し続け、多くのヒット作品を出した実績を持つミニシアターである。近年の日比谷の開発で周辺が一段と新しく豪華なお出かけスポットになり、名画座として知られてきた「スバル座」や「みゆき座」などが閉館されたことは惜しいものの、シネコンの「TOHOシネマズ」とあいまって追い風が吹いている。近隣の「シネスイッチ銀座」同様、ミニシアターファンや若い女性たちにとってお気に入りの映画館である。

「シネスイッチ銀座」もロケーションに恵まれており、『クロワッサンで朝食を』(12)が上映となった時、フランスの名女優ジャンヌ・モロー晩年の、自身の生き様を垣間見るかのような矍鑠《かくしやく》としたマダムの姿を一目見ようと、70代の女性から若い女性までが劇場を訪れたことで大ヒットになったことは忘れ難い。

70代女性が友人に声をかけ合い、グループとなって映画鑑賞をし、その後は銀座でお食事やお茶をするという、仲間と集うきっかけになって大きな動員となった。社交や親睦の相乗効果を生み出す力を、ミニシアターが持っている証になった現象であった。この作品をシネコンで上映したらどうなったかは想像に難くない。劇場選択を見極めた配給会社の勝利には、エールを送ったものだ。

付加価値を持つミニシアターの可能性は、どのような時代を迎えようとも、心配ばかりではないと思えてくる。

さらには、個性的でちょっと「曲者的」な作品に出会うこともできる、渋谷の「アップリンク」のように、固定ファンを獲得している劇場も健在である。「アップリンク」は近年吉祥寺にも進出し、コロナ禍においても京都に新しく複数のミニシアターを設立している。その勢いは業界に勇気をもたらすものとして、目が離せない。

また、日本映画の旬な映画作品が、渋谷の「ユーロスペース」で上映となると、一つのお墨付きのようなステイタスもつく。ある意味、有望な映画監督のデビューの場として、ミニシアター・ブームから久しい時を経ても、今も重要な映画館であることは間違いない。

話題にしたい映画がどのミニシアターで上映され、どのような観客が集まるのか、それをイメージして配給側と劇場が交渉を重ね合うことによって、時代が変わっても、劇場のカラーはゆるぎないのだ。

これこそが、多難を乗り越えて、まさに持続可能を実現するミニシアターの姿ではないだろうか。特別な、とっておきの、選《え》りすぐられた映画を観る場所として、これからも生き残っていくことだろう。

それらミニシアターにふさわしい作品を選りすぐって配給していくこの仕事とは何か、また、それを職業とするのはどういうことなのかなどを改めてこの場で考えてみた。

気取りすぎかもしれないけれど、小説を書くことを職業にしていた、私が敬愛する太宰治を真似れば、誰か一人を幸福にしてあげたいから、誰か一人に影響を与えたいから、そういう映画を選び抜いて観せていきたい。

あとがきにかえて——映画は決して、なくならない

　ここでは、私がお目にかかる機会に恵まれた女性監督たちのことに触れたい。彼女たちの映画への想いを知るにつけ、映画が持続可能であることを強く感じさせられたからだ。その情熱をあとがきにかえて記しておくことにしよう。

　人気の「アニエスベー」ブランドのファッション・デザイナーとして、常に時代をリードしているアニエス・トゥルブレ。彼女の映画への熱い想いは、多くの映画製作の支援に向けられてきた。ハーモニー・コリン監督の最新作『スプリング・ブレイカーズ』(12)をはじめとする映画プロデュース、いくつもの映画祭へのコラボレーション、卑近な例では、『パリ猫ディノの夜』の日本公開においてのプロモーション支援など、数え切れないほどの協力を惜しまない存在だ。

　そんな彼女は、本名のアニエス・トゥルブレとして自ら映画を撮り、『私の名前は…』

（13）で初監督デビューを果たしてもいる。
製作・脚本・撮影・監督をすべて自ら手がけたのは、自分のために作った映画だから、妥協できないからだと言う。また、自分が世の中に影響力を持っているなら、映画で役立ちたいという想いが背中を押したのだとも。

テーマが実の父親の、幼い娘への性暴力。「差別」や「暴力」に対して強く糾弾するメッセージを込めながらも、独自の世界観で描くアート作品が完成した。映画の力を信じる、彼女の勇気ある行動でもあった。

女性が、女性問題を世に問う時、映画監督として立ち上がる。それも彼女の人生の中の「シネマ」なのだ（他の女性監督たちの映画への想いについては、「SCREEN ONLINE」の拙インタビュー連載をご高覧・ご参照いただけたら幸いである）。

もう一人は、２０１８年の東京国際映画祭のコンペティション部門にノミネイトされた、ブラジル映画『翳りゆく父（映画祭・邦題）』（18）のガブリエラ・アマラウ・アウメイダ監督だ。

母を失った幼い娘が、どうしてももう一度母に会いたいという想いを募らせ、禁じられた「再生」を生み出す……というような美しきホラー作品には、惹かれるものがあった。

結果的に惜しくも受賞は逃し、作品はまだ、現時点で日本未公開ではある。彼女と映画祭のクロージング・セレモニーで言葉を交わせた。

政権が代わることで、今までのような映画は撮れなくなることもあると言う。こういうリアルな言葉を短い時間の中で受け取れるのも、映画祭の力である。そして、映画作りに困難があること、だからこそ、それを乗り越えて生まれる映画もあることに気づかされ、胸がざわついた。彼女は映画監督として次なる作品にどのように取り組んでいくのだろうか。興味深く、見守っていきたい。

映画に垣根はないし、「映画言語」も世界共通であることを信じながら。


そもそも、新しい作品を観るたびに繰り返し思うことは、まずは映画を撮ること、作ること、つまりは「生み出す」監督がいなかったら、この世に映画は生まれない、ということだ。

もしも、世界から映画監督がいなくなったなら……。

映画監督がいる限り、映画は、この世界からなくなりはしない。

気づいたら多くの監督との遭遇が、私の人生の一部となっている。

これからも、私は映画の側にいる限り、このワガママな王様たちと作品に出会えることだろう。

そして、その監督たちの作品を、配給や製作という仕事の担い手として、また、インタビュアーとして世の中に送り出すこと。これが役に立つ仕事であることを信じてやっていきたいものである。人知れずの職業であっても。

最後に、映画の仕事の現場に今私がこうしていることができるのも、一期一会というべきか、洋画配給という仕事世界に誘って下さった真淵哲氏、劇場公開に際し当初より尽力下さった武舎忠一氏、また、私が考えるアイデアを全身全霊で形にしてくれた優秀なる多くのスタッフの皆さん、中でも私生活を後回しにしてでも、夜討ち朝駆けで映画の配給・宣伝の現場で私の片腕として働き、私のもとを離れてからもなお、「巴里映画で得たことを今の仕事に活かしています」と言いながら、現在の仕事の超エキスパートとして邁進・活躍中の原口純子女史には改めてこの場を借りて感謝の気持ちをお伝えしたい。

また、いずれも素晴らしいポリシーを掲げ、ミニシアターを運営して輝いていた、今もなお輝き続けていらっしゃる劇場の方々にも、無理難題を持ちかけられるも、快くご賛同して下さり、良き上映を実現して下さったことに謝意と敬意を表したいと思います。この仕事は良いチームワークあってこそ、成果が生み出せるもの。成果は関わった皆で分けるものだと、今改めて痛感させられます。

多くの人たちの心の中に映画作品は残り、劇場で良い作品を観た時の、その時間、その時代、ミニシアターとともにいたご自身が生きているに違いない。そう思うことが糧になり、次に向かって勇気も湧いてくることでしょう。

さらに、これまで映画に関する記事、インタビューにご協力とご指導を惜しまずご担当下さった「WEB DACAPO」エディターのウルガ・ソウコ氏、「SCREEN ONLINE」の連載を形づくって下さった元編集長近藤邦彦氏、ウェブ制作部門スタッフの方々、インタビューのたびに素晴らしい映画人の方々を撮影し続け、惜しくも昨年暮れに亡くなった写真家の安井進氏にも、感謝をお伝えしたい。インタビューに快く応じて下さり、真剣に語って下さった、優れた映画人の皆々様にも、本当に改めての感謝を申し上げたいと思います。

そして、最後に、本書担当編集者の藁谷浩一氏とは、17年前に『映画配給プロデューサーになる！』で、一緒に仕事をしたご縁があったものの、思いがけない再会を得て、新たに映画の仕事について一冊にまとめることを薦めて下さり、感謝申し上げたい。何かに導かれて、ということが我が人生には多すぎるのだが、これもきっと映画の神様のなせる技でしょう。彼のためにもできる限りのエネルギーを注いで書き上げた想いがあり、喜んでいただけたら嬉しいばかりである。

本書は、エピソードとコメントと、ノウハウ、キャッチフレーズ、さまざまな言葉で溢れ返った。その過程で、一〇〇本以上の映画作品も必然的に記されることになった。すべて私がリスペクトしている作品である。読者の方々には、ぜひ、思うままに観ていって下さると、本書が、少しは役に立つ本だということが、きっとおわかりいただけることと思う。

どこかでお目にかかる機会があったとしたら、それらの映画のことを、ご一緒に語ってみたいものである。

それらの映画からたどっていっていただき、その作品の初監督作品とか、次回作作品も観ていただく。主演女優、男優作品として追いかけてもよいだろう。映画は「知らないうちに」増殖しているから、その「定点観測」を続けていって観るものでもある。それを見届ける役を買って出ていただけたら、人生、退屈はしないだろう。監督がいくら王様だと言われても、映画は観てもらって初めて映画として完成するのだから、観客の皆さんこそ、王様でもある。

参考文献

ＣＷＳ＋高野てるみ編『映画配給プロデューサーになる！　話題の映画の仕掛人に聞く映画ビジネスのすべて』ＣＷＳレクチャーブックス、メタローグ、２００３年
大高宏雄、稲葉まり子編『ミニシアターをよろしく』宝島ＣＯＬＬＥＣＴＩＯＮ、ＪＩＣＣ出版局、１９８９年
高野てるみ『ココ・シャネル　女を磨く言葉』ＰＨＰ文庫、ＰＨＰ研究所、２０１２年
同『仕事と人生がもっと輝くココ・シャネルの言葉』イースト・プレス、２０１９年
同『マリリン・モンロー　魅せる女の言葉』ＰＨＰ文庫、ＰＨＰ研究所、２０１７年
同『ブリジット・バルドー　女を極める60の言葉』ＰＨＰ文庫、ＰＨＰ研究所、２０１４年
大江健三郎『性的人間』新潮文庫、新潮社、１９６８年
たかのてるみ、Ｔ・Ｐ・Ｏ編、ジェラール・シニョレ監修『ＧＡＲÇＯＮ！　リーズナブルなおいしい店１００　Ｐａｒｉｓ↕Ｔｏｋｙｏ』講談社・スコラ、１９８８年
チャールズ・ブコウスキー『町でいちばんの美女』青野聰訳、新潮文庫、新潮社、１９９８年
リシャール・ボーランジェ『ブルース』村上龍監訳、鳥取絹子訳、幻冬舎文庫、幻冬舎、１９９７年
太宰治、亀井勝一郎編『愛と苦悩の手紙』角川文庫、角川書店、１９６２年

「WEB DACAPO」2012年6月20日掲載、ジェーン・バーキン　インタビュー
「WEB DACAPO」2012年12月14日掲載、ブノワ・ジャコ　インタビュー
「WEB DACAPO」2013年12月27日掲載、アニエス・トゥルブレ　インタビュー
「WEB DACAPO」2014年6月25日掲載、ルー・ドワイヨン　インタビュー
「SCREEN ONLINE」高野てるみの『シネマという生き方』2017年3月23日掲載、マイウェン・ル・ベスコ　インタビュー
「SCREEN ONLINE」高野てるみの『シネマという生き方』2017年11月10日掲載、ジャック・ドワイヨン　インタビュー
「SCREEN ONLINE」高野てるみの『シネマという生き方』2018年5月11日掲載、スティーヴン・オカザキ　インタビュー
「SCREEN ONLINE」高野てるみの『シネマという生き方』2019年10月28日掲載、三池崇史　インタビュー
「SCREEN ONLINE」高野てるみの『シネマという生き方』2020年1月29日掲載、クロード・ルルーシュ　インタビュー
「ELLE JAPON」1987年7月5日号（しっかり会社探検！／95％満足を求めて、社長に就職！」）
「婦人画報」1988年3月、No.1016号（「ミニシアターで『大人の時間』を過ごす」）
「流行通信」1988年5月、No.202号（「女流監督の活躍が目立つ、今どきの洋画界、〝両性具有〟の

ヴィルジニ・テヴネが、かなり気になる。」文・たかのてるみ）

「婦人と暮し」１９８７年12月、（ＤＥＣＥＭＢＥＲ）号（「私」……宣言／「映画も夜の10時から上映してもいい。見終わってワインを飲んで、遅くなったらタクシーで帰る。こんな生活、オシャレですよね。」）

「Pumpkin」１９８９年８月25日号（「ハートフル・メッセ」／「ミニシアターといわれる映画館は、女性にとってても魅力である。」）

「流行通信」１９９０年９月号（「近未来を描く劇画家が撮った話題の映画『バンカー・パレス・ホテル』」文・たかのてるみ）

「とらばーゆ」１９９２年２月14日号（「『サム・サフィ』キャッチコピーとして～自由でうんざり～に採用決定！」）

「Hanako」１９９２年９月10日号特集（「リスキーなビッグビジネスをつくり出す壮快な女性たち」／「映画のプロデュースはリスキーだけどスリリング。そこがおもしろい。」）

「Olive」１９９２年５月18日号（「メーキング特集 気になる世界の舞台裏。」）

「シュプール」１９９０年３月号（「ウィルジニ・ラブネ『映画は欲ばりなアートね』パリのマルチプル、映画監督」）

「anan」１９９４年７月号（「'94年版全国おしゃれグランプリ！」）

「月刊ＡＶジャーナル」（現・文化通信ジャーナル）１９８４年12月号
「月刊ＡＶジャーナル」（現・文化通信ジャーナル）１９９２年11月号

「クレイジーズ　世界を変える物語」ＮＨＫ総合、２０１８年4月30日放映
「アラン・ドロン　ラストメッセージ～映画　人生　そして孤独～」ＮＨＫＢＳプレミアム、２０１８年9月22日放映

高野てるみ（たかの　てるみ）

映画プロデューサー、シネマ・エッセイスト。東京都出身。株式会社ティー・ピー・オー、株式会社巴里映画代表取締役。一九八七年に洋画配給会社を設立し『テレーズ』『ギャルソン！』『サム・サフィ』『ミルクのお値段』『パリ猫ディノの夜』などフランス映画を中心に配給・製作を手がける。編共著に『映画配給プロデューサーになる！』（メタローグ）、著書に『ブリジット・バルドー　女を極める60の言葉』（PHP文庫）、『仕事と人生がもっと輝くココ・シャネルの言葉』（イースト・プレス）など多数。

集英社新書一〇六六F

二〇二一年五月二二日　第一刷発行

職業《しょくぎょう》としてのシネマ

著者……高野《たかの》てるみ

発行者……樋口尚也

発行所……株式会社集英社

東京都千代田区一ツ橋二－五－一〇　郵便番号一〇一－八〇五〇

電話　〇三－三二三〇－六三九一（編集部）

〇三－三二三〇－六〇八〇（読者係）

〇三－三二三〇－六三九三（販売部）書店専用

装幀……原　研哉

印刷所……凸版印刷株式会社

製本所……加藤製本株式会社

定価はカバーに表示してあります。

ISBN 978-4-08-721166-5 C0274

Printed in Japan

a pilot of wisdom

赤ちゃんと体内時計　胎児期から始まる生活習慣病
三池輝久　1056-I
生後一歳半から二歳で完成する体内時計。それが健康にもたらす影響や、睡眠治療の検証などを提示する。

原子力の精神史――〈核〉と日本の現在地
山本昭宏　1057-B
広島への原爆投下から現在までを歴史的・思想史的にたどり、日本社会と核の関係を明らかにする。

「利他」とは何か
伊藤亜紗 編　1058-C
中島岳志／若松英輔／國分功一郎／磯﨑憲一郎
自己責任論を打開するヒント、利他主義。だが、そこに潜む厄介な罠も。この難問に豪華執筆陣が挑む。

ネオウイルス学
河岡義裕 編　1059-G
あらゆるものに存在するウイルスを研究する新領域の学問の諸研究と可能性を専門家二〇名が解説する。

はじめての動物倫理学
田上孝一　1060-C
いま求められる人間と動物の新たな関係を肉食やペットなどの問題を切り口に、応用倫理学から問う。

日本再生のための「プランB」　医療経済学による所得倍増計画
兪 炳匡　1061-A
一%の富裕層ではなく、残りの九九%を豊かにするための画期的な方法を提示。日本の新たな姿を構想する。

ヘイトスピーチと対抗報道
角南圭祐　1062-B
街頭デモやネット上の差別の実態を明らかにし、報道の在り方を考える「ヘイトスピーチ問題」の入門書。

最後の文人　石川淳の世界
田中優子／小林ふみ子／帆苅基生／山口俊雄／鈴木貞美
1063-F
知的自由を体現した孤高の作家、石川淳。五名の識者の解説を通し、その作品と「絶対自由」の世界に誘う。

MotoGP　最速ライダーの肖像
西村 章　1064-H
モーターレーシングの最高峰、MotoGP。命懸けのレースに参戦した一二人のライダーの姿を描きだす。

スポーツする人の栄養・食事学
樋口 満　1065-I
「スポーツ栄養学」の観点から、より良い結果を出すための栄養・食事術をQ&A形式で解説する。

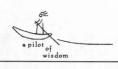